KB157956

십대, 나에 대한 공부가 필요해!

십대,
나에 대한 공부가 필요해!

초판 1쇄 발행 2014년 9월 5일
초판 6쇄 발행 2017년 6월 5일

지은이 전진우
펴낸이 이지은
펴낸곳 팜파스
기획편집 박선희
디자인 박진희
마케팅 정우룡
인쇄 (주)미광원색사

출판등록 2002년 12월 30일 제10-2536호
주소 서울시 마포구 어울마당로5길 18 팜파스빌딩 2층
대표전화 02-335-3681
팩스 02-335-3743
홈페이지 www.pampasbook.com | blog.naver.com/pampasbook
이메일 pampas@pampasbook.com

값 12,000원
ISBN 978-89-98537-60-9 (43190)

이 도서의 국립중앙도서관 출판예정도서목록(CIP)은 서지정보유통지원시스템 홈페이지(http://seoji.nl.go.kr)와 국가자료공동목록시스템(http://www.nl.go.kr/kolisnet)에서 이용하실 수 있습니다.(CIP제어번호: CIP2014022977)

나만의 재능과
생각으로 매일매일 자라는
청소년 '나 입문서'

십대, 나에 대한 공부가 필요해!

전진우 지음

팜파스

지금 여러분의 안테나는 어디를 향하고 있나요?

사람은 저마다 '안테나'를 하나씩 가지고 살아갑니다. 어떤 사람은 안테나를 내 안쪽으로 돌려놓고 살아가고, 어떤 사람은 나의 바깥쪽으로 향한 채 살아가지요. 우리의 관심사, 가치관이라고도 말할 수 있을 겁니다. 하지만 이 안테나는 우리 눈에는 보이지 않지요. 그래서 스스로 발견하는 데 꽤 오랜 시간이 걸리기도 합니다.

어느 시대에나 그 시기를 이끌고 있는 '흐름'이 있습니다. 유행 또는 트렌드라고 부르기도 하지요. 하지만 그 흐름이 꼭 모든 사람들에게 잘 맞는 것은 아닙니다. 사람들의 얼굴이 제각기 다르듯, 각자의 가치관이나 취향도 모두 다르기 때문입니다. 결국 모든 사람들에게는 지금의 흐름과는 별개로 나만의 기준이 있습니다. 안테나가 내 안을 향한 사람들은 그런 나만의 기준들을 잘 찾아냅니다. 행복한 인생은 바깥쪽 기준에 나를 깎아 맞췄을 때가 아니라, 내 기준에 나를 맞췄을 때 찾아오는 것입니다. 결국 안테나가 내 안에 향한 사람이 행복해질 확률이 더 높아지겠지요.

내 삶의 안테나가 내 안으로 향해 있다는 것은 스스로 내 삶의 주인으로 살아간다는 것이기도 합니다. 그건 다른 사람들을 무시하거나 세상과 담을 쌓고 살아가는 것과는 다릅니다. 삶의 순간순간마다 마주하게 될 선택의 주체가 '나' 자신이 되는 것을 말하지요. 다른 사람들과 비교해서 행복을 느끼는 것이 아니라, 스스로 선택한 길 위에서 행복을 느끼는 것이기도 하고요. 다른 사람들과의 진정한 소통도 그때부터 시작될 수 있습니다.

청소년 시기는 '내 삶의 주인이 되기'를 준비하는 시기입니다. 학교에서 앞으로 살아가는 데 필요한 지식을 배우는 것처럼, 스스로 어떤 사람인지 알아가는 '나에 대한 공부'도 이 시기에 필요합니다. 지금, 여러분은 나의 안테나에 주목하고 그 방향을 내 안으로 돌려 보는 연습을 해봐야 합니다. 그동안 나도 몰랐던 나만의 생각과 감성을 찾아보는 겁니다. 그렇게 찾은 나의 모습으로 다른 사람들과 소통하는 것도 함께 배워야 합니다. 앞으로 우리 친구들이 어른이 된 후에 살게 될 세상의 모습이 그것이니까요.

내 삶의 주인이 된다는 것은, 당연해 보이지만 결코 쉬운 일은 아닙니다. 청소년 친구들뿐만 아니라 세상을 살아가는 모든 사람들의 평생 숙제인지도 모릅니다. 이제 여러분은 그 첫걸음을 뗀 것과 같습니다. 긴 여정이 될 공부에 이 책이 자그마한 용기와 도움을 줄 수 있었으면 좋겠습니다.

모든 일이 그렇듯 혼자의 힘으로는 이 책이 완성되지 못했을 것입니다. 그동안 수업 시간에 만났던 청소년 친구들과 이 책이 나올 수 있도록 도움을 주신 모든 분들에게 감사한 마음을 전합니다. 처음부터 끝까지 물심양면으로 도와주신 팜파스 출판사와 박선희 에디터님에게도 감사드립니다. 끝으로 책을 쓰는 동안 언제나 큰 용기와 힘을 준 사랑하는 가족에게 고마움을 전합니다.

전진우

〔목차〕

03장

같은 것을 다르게 보는 나만의 생각 만들기

04장

일상을 내 것으로 저장하는 방법

05장

나답게 표현할 때 소통이 시작된다

공부, 입시, 진로, 친구, 부모님…
나를 둘러싼 많은 시선과 환경 속에
정작 내가 없지는 않나요?
성공하고 행복해지는 삶.
그 주체는 바로 '나'입니다.
아무리 멋진 삶이어도 '내'가 쏙 빠져 있다면
그 삶은 속빈 강정일 뿐이니까요.

지금 이 순간 '내'가 제일 중요한 이유

하나만 물어볼게요.
지금, 행복한가요?

그냥 이 수업을 들을 때 마음이 편해져서 좋아요

'아하 한겨레 교육센터'에서 청소년 친구들을 대상으로 창의력 강의를 할 때였습니다. 그때 만난 지은이는 중학교 2학년이었지요. 토요일 아침부터 늘 학교에서 동아리 활동을 하고 나서 창의력 수업에 오곤 했습니다. 밥 먹을 시간도 부족해서 점심도 못 먹고 올 때가 많았지요. 평소에 말수가 적은 친구였지만 수업 시간에는 자기 생각을 잘 표현했어요. 마지막 수업 날, 지은이가 슬쩍 다가와 물었습니다.

“쌤, 이 수업 끝나면 또 이어지는 수업 있어요?”

“아쉽게도 아직은 없어. 지은이처럼 이 수업을 들은 친구들이 더 많아지면 만들 거야.”

“저 그럼 이 수업 또 들어도 돼요?”

“또 듣는다고? 그동안 배운 거랑 똑같아서 별로 재미없을 텐데.”

“상관없어요. 그냥 이 수업 들을 때 맘이 편해져서 좋아요.”

결국 다음 수업 때 지은이를 다시 만날 수는 없었지만 그날의 대화는 머릿속에서 쉽게 잊혀지지 않았습니다. 사실 지은이의 토요일은 아주 바쁜 날이었지요. 오전에 학교에 가서 동아리 활동을 하고, 오후엔 창의력 수업을 듣고 나서 곧바로 논술 교실까지 가야했으니까요. 그러던 와중에 창의력 수업이 마무리가 되었으니 이제 조금 더 여유로운 토요일 오후를 보낼 수 있었을 겁니다. 그런데 지은이는 왜 한 번 들은 수업을 또 들으려고 했을까요? 창의력 수업을 들을 때 마음이 가장 편하다는 지은이의 말이 한편으로는 안타깝게 들리기도 했습니다.

대한민국의 많은 청소년 친구들이 지은이와 크게 다르지 않을 거라 생각합니다. 평일엔 학교와 학원을 다녀오면 어느새 하루가 끝나 버립니다. 주말에도 밀린 공부나 각종 학원을 다니느라 늘 정신이 없지요. 교육센터뿐만 아니라 방과 후 교실에서 만난 친구들도 전부 비슷했지요. 다들 수업이 끝나면 학원에 가기 바빴습니다. 하루 중에 그나마 스트레스를 풀 수 있는 건 사이사이 친구들과 맛있는 간식을 먹으면서 수다를 떨거나, PC방에 가서 게임을 하는 방법뿐이지요. 모두 '좋은 대학 가기'라는 하나의 목표를 두고 쉴 틈 없이 계속 뛰어가는 모습입니다.

언젠가 TV에서 혜민스님이 이런 말씀을 하셨지요.

> "한국 학생들은 공부를 할 때, 이 공부를 해서 어떤 것을 성취해서 그 다음 무언가를 얻으려고 공부를 해요. 그 공부 자체가 즐거운 게 아니라, 이 공부를 해서 다른 것을 얻기 위해서 공부를 해요. 즉 마음이 현재에 있지 못하고 계속 미래로 가 있어요. 그런 조건부가 붙을 때는, 불행해요."

〈KBS 승승장구 '혜민스님' 편〉

우리나라 청소년의 행복도가 세계에서 낮은 편에 속한다는 것은 이미 많이 알려진 사실이지요. 여러 가지 이유가 있겠지만 혜민스님의 말대로 지금 즐거운 공부가 아니라 나중이 즐거운 공부를 하기 때문이 아닐까 합니다. 아마 청소년 친구들 스스로도 많이 느끼고 있을 거라 생각합니다.

그럼에도 불구하고 우리나라의 청소년과 부모님들이 이렇게 입시에 온 힘을 다하는 것은 아마도 좋은 학교에 가서 행복하게 살고 싶기 때문일 거예요. 물론 좋은 학교에 가면 내가 하고 싶은 일을 할 수 있고 성공에 좀 더 가까워지는 것은 사실이지요. 하지만 그것만이 유일한 행복의 해법이 아니란 것도 알았으면 좋겠어요. 좋은 학교에 가는 것보다 더 중요한 것은 '나를 잘 아는 것'이에요. 사람은 좋은 학교를 나와서 행복한 게 아니라, 내가 정말 하고 싶은 일을 할 때 행복한 거니까요.

행복의 기준은 사람마다 다르다

박원순 서울시장님을 알고 있나요? 이 분이 원래는 검사 출신 변호사였다고 해요. 우리나라에서 가장 어렵다는 사법고시를 합격한 것이지요. 좋은 대학에 합격만 해도 학교 정문에 커다란 플랜카드가 걸리곤 하는데, 사법고시에 합격한 것은 정말 큰 영광이었지요. 만약 내가 변호사가 되었다고 상상해 보세요. 드라마에 나오는 변호사처럼 멋진 모습으로 힘든 사건들을 해결하고 어려운 사람들을 도와주는 멋진 인생을 살았겠지요. 박원순 시장님은 검사, 변호사 생활을 하는 동안 우리가 상상하는 것처럼 매일매일 행복한 나날이었을까요?

〈행복한 진로학교〉(박원순 외, 시사IN북)라는 책에서 박원순 시장님은 사실 변호사라는 직업이 너무 힘들었다고 고백했습니다. 한 사람의 인생이 바뀔 수도 있는 법을 다루는 일이다 보니 늘 스트레스가 많을 수밖에 없었지요. 변호사 일을 계속하다간 몸이 다 망가지겠다는 생각도 들었다고 합니다. 다른 사람이 보기엔 너무나 부러운 직업일 수 있지만 정작 본인은 그렇지 않을 수도 있다는 것이지요. 결국 8년의 변호사 생활을 정리하고 '참여연대', '아름다운 재단'과 같은 시민사회단체를 만들어서 여러 가지 좋은 일들을 하셨지요. 그러다 2011년에 서울시장에 당선되었던 거지요. 남들이 보기에 좋은 직업인 변호사를 제 발로 그만뒀지만, 그 덕분에 본인이 더 즐겁다고 느끼는 일들을 오랫동안 할 수 있었던 것입니다.

지금은 고인이 된 스티브 잡스는 다니던 대학을 졸업하지 않았다고 해요. 대학에 들어가게 된 스티브 잡스는 넉넉지 못한 집안 사정에 입학한 지 6개월 만에 자퇴를 결심합니다. 무엇보다 내가 무엇을 하고 싶은지, 그것에 대학이 얼마나 도움될지 확신이 서지 않았던 게 가장 큰 이유였지요. 그 후 스티브 잡스는 전공 과목 말고 흥미를 느끼는 과목을 몰래 청강하며 자신만의 길을 가게 됩니다. 평범한 대학생의 삶을 포기한 그는 자신의 흥미와 직감이 이끄는 대로 다양한 경험을 차곡차곡 쌓지요.

그 이후에는 많은 굴곡이 있었지만 모두가 알고 있듯이 '애플'을 세워 세계적인 회사로 만들었지요. 세월이 한참 흐른 뒤, 스티브 잡스는 이렇게 회고했습니다. 대학을 그만둘 당시에는 겁이 많이 났지만 결국 자신의 인생에서 최고의 결정이었다고 말이지요. 실제로 대학을 그만두고 몰래 청강한 '서체 수업'이 훗날 애플의 매킨토시를 만드는 데 큰 역할을 했다고 밝혔지요.

결국 행복의 기준은 '나'입니다. 모두가 좋다고 해도 내가 좋지 않으면 행복할 수 없는 것이지요. 저마다 좋아하는 색깔이 다르듯 사람마다 자신이 좋아하는 일이나 직업이 다를 수 있다는 것이에요. 다들 선망하는 변호사라는 직업이 누군가에게는 즐겁지 않을 수도 있고, 대학 밖에서 더 많은 것을 배울 수도 있습니다. 그렇게 생각하면 내가 행복해지는 방법은 더 다양해집니다. 좋은 대학을 가고 좋은 회사를 가는 것 말고도 나를 행복하게 만드는 길들이 더 많다는 것이니까요. 그럼 이제 뭘 해야 할까요. 내가 어떤 사람이고, 어떤 생각을 가지고 있고, 무엇을 좋아하는지를 알아야겠죠? 사실 청소년 시기는 그렇게 '나'를 알아가는 시기이기도 해요. 하지만 나 자신을 알아간다는 것이 거울로 내 얼굴을 보는 것처럼 간단한 일은 아니에요. 조금 시간이 걸리기도 하고, 많은 노력이 필요하기도 하지요. 그렇다고 해도 걱정할 건 없어요. '나'에 대한 궁금증이 생겼다면 이미 절반은 온 거니까요.

결국

행복의 기준은

'나'입니다.

정답만큼 중요한 나만의 답, 찾고 있나요?

정답도 보기도 없는 시험, 바칼로레아

문제를 하나 내 볼게요. 그냥 머리에 떠오르는 생각을 말해 봅시다.

"세상의 모든 사람을 존중해야 하는 것일까?"

살면서 수없이 만나는 사람들을 우리는 모두 존중해야 하는 것일까요? 아니면 그 사람이 어떤 사람인지를 먼저 판단하고 나서 존중해야 하는 것일까요? 죄는 미워하되 사람은 미워하지 말라는 말이 있듯이 모든 사람을 존중해야 한다고 생각하는 친구도 있을 겁니다. 반대로 사람 중에는 존중받을 가치가 없는 사람도 분명 있다고 생각하는 친구도 있을 테지요. 그럼 이런 질문은 어떨까요?

"진리는 모두 증명될 수 있을까?"

사람은 모두 언젠가 죽는다는 것은 불변의 진리이지요. 실제로 증명될 수 있는 사실이기도 하고요. 세상의 모든 진리가 이처럼 증명될 수 있을까요? 우리 눈으로 확인할 수 없는 진리는 없을까요? 종교가 있는 친구들은 자신이 믿는 진리를 모두 증명하기 어렵다고 생각할 수도 있을 거예요. 그 누구도 쉽게 대답하기 어려운 질문들입니다.

사실 위 두 질문은 프랑스의 대입 시험인 '바칼로레아'에 실제로 출제된 문제들입니다. 바칼로레아는 우리나라의 대학 수학능력시험과 같은 시험이지요. 우리의 수능과 똑같은 대입 시험 문제라는데 조금 낯설지요? 국어, 수학, 영어, 사회, 과학과 같은 영역으로 나눠서 객관식 시험을 보는 우리나라와 달리, 프랑스는 철학, 인문학 등 우리가 살면서 겪을 수 있는 여러 문제를 다룹니다. 그리고 장장 4시간에 걸쳐서 그 문제에 대한 자신의 생각을 직접 쓰는 것으로 시험을 치릅니다.

이 바칼로레아 시험은 나폴레옹 시대인 1808년에 시작되어 지금까지 매년 치러지는 유서 깊은 시험입니다. 20점 만점에 10점 이상을 받으면 점수에 관계없이 자신이 가고 싶은 대학에 입학할 수 있지요. 대학에 들어가기는 쉽지만 졸업하기는 그리 만만치 않다는 게 프랑스 대학의 특징이기도 해요. 또한 이 시험이 있는 날이면 수험생은 물론이고 프랑스의 시민들도 삼삼오오 모여 출제된 문제에 대해서 자유롭게 토론한다고 합니다.

프랑스의 대입 시험 바칼로레아는 '정답이 없는 시험'입니다. 만약 어떤 게 옳은지 끝까지 토론한다면 평생 동안 얘기하더라도 끝나지 않을 문제인 것이죠. 시험의 채점 기준도 정답을 요구하기보다는 수험생들의 논리 전개가 정연하지를 본다고 합니다. 결국 수험생 스스로 자신의 생각을 돌아보고 잘 정리하는 것을 요구하는 시험이지요.

물론 프랑스에서도 전문 지식을 묻는 대입 시험이 함께 존재합니다. 하지만 모든 수험생이 그 시험을 보는 것이 아니라 스스로 선택한 수험생만 치르는 시험이지요. 프랑스는 왜 이런 방식으로 대입 시험을 보는 것일까요? 200년이 넘는 역사를 지닌 바칼로레아의 목적은 스스로 생각하고 행동하는 건강한 시민을 만들기 위해서라고 합니다. 프랑스에 사는 청소년 친구들은 성인이 되기 전에 자연스럽게 나의 생각속으로 깊숙이 빠져들어 가보는 경험을 하는 것이지요. 그러면서 세상을 살면서 부딪칠 많은 고민들을 해결할 나만의 기준들을 만들어 가는 것입니다.

'정해진 답 찾기'와 '없는 답 찾기'의 균형을 맞추자!

저는 청소년 친구들을 만나서 비슷한 질문들을 던집니다. '빠른 것이 꼭 좋은 것일까?', '목적지가 없는 것은 잘못된 것일까?'와 같은 질문들이지요. 바로 정답이 없는 질문들입니다. 우리 친구들은 대부분 그런 질문들 앞에서 당황해하거나 난감해합니다. 집, 학교, 학원 등 자신의 생활 패턴에서 벗어난, 너무도 낯선 질문이기 때문이지요. 그런 다음 곰곰이 질문에 대한 답을 생각해 보기 시작합니다. 그런데 여기에 대한 친구들의 대답을 듣다 보면 깜짝 놀랄 때가 종종 있습니다. 생각하지 못한 멋진 답들이 쏟아져 나오기 때문이지요. 어떤 답을 선택하든 모두 저마다의 생각과 논리가 분명하게 묻어납니다. 그럴 때마다 우리나라 청소년 친구들이 이런 문제에 대해 말할 기회가 없어서 그렇지 다들 고민도 많이 하고 좋은 생각들도 많구나 하는 것을 새삼 느끼게 되지요.

이런 '정답 없는 문제들'이 왜 중요한 것일까요? 왜 프랑스에서는 이런 문제로 대학 입학까지 결정하는 것일까요. 과연 이것이 당장 코앞으로 다가온 중간고사나 밀린 숙제들보다 더 중요한 문제들일까요? 여러분이 학교를 졸업하고 살아가게 될 세상은 사실 '정답이 없는 문제'가 더 많은 곳입니다. 변호사 직업에 대해 고민한 박원순 시장님처럼, 평범한 대학생 생활을 포기한 스티브 잡스처럼, 나의 생각으로 판단하기 전까지는 정해진 답이 없는 문제들을 계속 만난다는 것이지요. 거기에는 시험 범위도 출제 위원도, 채점해 줄 선생님도 따로 없지요. 모든 판단의 기준은 결국 '나의 생각'입니다.

우리 삶에 국어나 영어, 수학이 쓸모없다는 얘기가 아닙니다. 여러분이 지금 학교에서 배우는 교과목들도 나를 만드는 아주 중요한 공부입니다. 내 생각을 만드는 것이 '정답이 없는 공부'라면, 학교에서 배우는 것은 '정답이 있는 공부'지요. 한 사람의 멋진 내가 완성되기 위해서는 이 두 가지 공부를 모두 열심히 해야 합니다. 어느 한 가지 공부에만 치우쳐진다면 어른이 되어서도 많은 어려움을 만나게 됩니다. 그러니 이제 학교에서 오랜 시간 공부하는 만큼 '나'라는 사람은 무엇을 좋아하고, 무엇을 잘하고, 어떠한 생각들이 있는지를 알아볼 시간들도 필요합니다. 그래야 나 스스로 만든 기준대로 정말로 행복하게 살아갈 수 있을 테니까요.

그럼 이제 다시 문제를 내 볼게요.

"좋은 대학에 가면 반드시 행복할까?"

"내가 생각하는 행복은 무엇일까?"

"나는 무엇을 할 때 즐거운가?"

생각할 시간이 좀 필요하다고요? 네. 좋습니다. 하루가 걸려도 좋고 일주일, 한 달이 걸려도 상관없습니다. 쉽게 답을 찾을 수 없는 문제이니 깊숙이 고민할 시간이 필요합니다. 내가 생각하는 '나만의 정답'을 찾을 수 있다면 여러분은 이 시험을 통과한 것입니다.

여러분이

학교를 졸업하고

살아가게 될 세상은 사실

'정답이 없는 문제'가

더 많은 곳입니다.

교실 밖 세상에서 어떤 사람으로 살아가고 싶은가요?

자유롭게 생각할 때 나를 발견한다

우리는 나에 대해서 얼마나 알고 있을까요? 내 생각을 잘 표현하며 살고 있을까요? 얼마 전 우연히 본 초등학생의 시험문제 답안이 인상적이었습니다. 만유인력의 법칙을 발견한 사람의 이름을 쓰라는 문제에 그 학생은 답을 '죽었다!'라고 적었더군요. 정답은 '뉴턴'이었지만, 사실 '죽었다'는 답도 틀린 건 아니지요. 하지만 아마 이 책을 읽고 있는 친구들은 그 초등학생과 같은 엉뚱한 답을 쓰지는 않겠지요. 이제는 아는 것도 더 많아졌고, 생각의 깊이도 더 깊어졌기 때문일 겁니다.

하지만 오히려 엉뚱한 답을 적은 초등학생 친구가 내 생각을 더 잘 표현했다고 볼 수 있지 않을까요? 아는 것이 많아질수록 점점 내 생각을 펼치는 것이 어려워지기도 합니다. 특히 중간고사나 각종 시험과 같은 평가들을 늘 준비해야 하는 청소년들은 더욱 그렇겠지요. 나도 모르게 지금 상황에 맞는 정답들을 찾게 되니까요. 어렸을 때보다 아는 것은 더 많아졌지만, 내 생각의 폭은 그만큼 줄어든 것이지요.

내가 어떤 사람인지 아는 것은 자유롭게 생각하는 것에서 출발합니다. 고정관념이나 정해진 틀에서 벗어나 다소 엉뚱하더라도 내 생각을 있는 그대로 펼쳐 보는 것이지요. 그런데 스스로는 내 생각이라고 느끼는 것들을 잘 살펴보면, 어딘가에서 들은 얘기이거나 사람들이 흔히 하는 말인 경우가 많습니다. 혹은 세상에서 정답이라고 인정받는 이야기일 수도 있지요. 정답을 요구받고, 그것만을 인정하는 분위기에 청소년 친구들도 많이 익숙해져서 그런 틀에서 빠져나오기가 생각보다 쉽지 않을 겁니다. 이제 진짜 내가 느낀 생각을 말해 봅시다. 그러면서 나는 이런 사람이었구나, 나는 이런 것들을 좋아하는구나 하면서 스스로를 바라볼 수 있게 되는 것입니다. 자유로운 생각에서 나를 발견해 나가는 것이지요.

엉뚱하지만 재미있는 답안을 쓴 초등학생 친구처럼, 자유롭게 생각하는 사람들을 보고 우리는 창의적이라고 말하곤 합니다. 어쩌면 '나'를 발견하는 것은 창의적인 생각을 하는 것과 같은 일인지도 모르겠습니다. 나답게 생각하기 위해서는 의도적으로라도 틀에 얽매이지 말아야 하고, 그렇게 생각하는 것을 창의적이라고도 말하니까요. 실제로 창의적인 활동들은 나의 감성을 발견하는 데 많은 도움을 줍니다. 시를 쓰거나 그림을 그리고, 무언가를 만드는 일들은 내 눈으로 보고 느낀 것들을 재료로 해야 합니다. 그렇기 때문에 스스로를 돌아볼 일이 많을 수밖에 없지요. 작가는 내 생각을 글로 표현하는 것이고, 화가는 그림으로, 음악가는 노래로, 무용가는 춤으로써 나를 표현하는 것입니다. 이렇게 나를 알아가는 것과 창의적인 활동은 많은 연관성이 있습니다. 미술이나 음악을 전공하는 사람만이 아니라, 평범한 청소년 친구들에게도 자신의 감성을 느낄 수 있는 활동들이 중요한 이유는 바로 여기에 있습니다. 그 활동들이 바로 나에 대한 공부를 할 수 있는 방법이기 때문이지요.

나만 할 수 있는 경험이 내 생각을 만든다

시험지를 채점할 때 쓰는 빨간색연필을 알지요? 심 끝은 뭉뚝하고 하얀 실로 겉면의 종이를 뜯어서 쓰는 색연필 말이에요. 다들 그 색연필로 시험지의 채점을 받아 본 경험이 있을 겁니다. 여러분에게 빨간 색연필은 어떤 기억으로 남아 있나요? 수업 시간에 만난 한 친구는 그 색연필을 보고 "왠지 혼날 것 같은 색깔이야."라고 말한 적이 있었지요. 그 말을 들은 다른 친구들도 모두 웃으면서 공감했습니다. 내 생각, 더 나아가 창의적인 생각이라는 것은 아마 그런 것을 두고 말하는 게 아닐까요. 아무도 생각하지 못한 새로운 아이디어지만 누구나 듣고 나서 공감할 수 있는 생각인 거죠.

결국 내 생각의 밑바탕이 되는 것은 나의 '경험'입니다. 빨간색연필을 혼나는 색깔이라고 표현한 것도 자신의 경험에서 나온 생각이지요. 그렇다면 나만의 생각이라는 것도 그렇게 어려운 것이 아니겠지요? 나의 경험을 잘 정리해서 표현하면 되는 것이니까요. 그것을 글로 쓰면 좋은 글이 될 것이고, 말로 표현하면 멋진 발표가 될 것입니다. 그러는 과정에서 나라는 사람을 더 이해할 수 있는 기회가 될 것이고요.

내 경험과 남의 생각을 구별하자

청소년 친구들과 함께하는 수업 중에는 자신의 경험을 나열해 보는 실습 시간이 있습니다. 흰 종이의 한가운데에 주제를 적어 놓고 그에 대한 나의 경험들을 생각나는 대로 적어 보는 것이지요. 많은 친구들이 이 시간에 기발한 경험들을 적곤 합니다. 수업을 통해 본인들도 생각지 못한 예전 기억들을 떠올리게 되지요. 하지만 종종 '내 경험'이 아니라 '내가 아는 것'을 적어서 내는 친구들이 있습니다. 다른 사람에게 들었거나 TV나 책에서 본 것을 마치 내가 경험한 것으로 착각했기 때문이지요. 이 친구들만의 이야기가 아닙니다. 사실 많은 사람들이 자신의 경험과 아는 것을 헷갈립니다. 곰곰이 생각해 보면 분명히 다른 것인데 얼핏 생각하면 비슷해 보이기 때문이지요. 그렇다면 이처럼 자연스럽게 내 머릿속에 들어앉은 '아는 것, 보편적 생각'에서 어떻게 나만의 경험과 생각을 찾아낼 수 있을까요?

자, 이제 종이 한 장을 꺼내서 한가운데에 '가을'이라고 써 봅시다. 지금부터 가을 하면 생각나는 것들을 적어 보는 것입니다. 3분 정도 머리에 떠오른 모든 것들을 빠르게 적어 봅시다. 다 끝났다면 이제 여유를 갖고 내가 적은 것을 하나씩 곱씹어 생각해 봅시다. 이것은 과연 내가 경험한 가을인지, 아니면 내가 알고 있는 가을인지 말이에요.

만약 낙엽, 단풍잎, 독서, 허수아비, 추수와 같은 것을 떠올렸다면 이 중에서 내가 직접 보고 경험한 것들만 골라 봅시다. 생각보다 많은 것들이 내가 경험한 것이 아니라 그냥 알고 있던 것이었음을 깨닫게 될 겁니다.

이처럼 우리가 머리로만 알고 있는 것들은 흔히 '상투적인 표현'이라고 말합니다. 누구나 경험하지 않고도 알 수 있는 것들이니까요. 이렇게 상투적인 생각은 내 생각이 아닙니다. 창의적인 생각도 아니고요. 그동안 글쓰기 시간이나 글짓기 대회에서 무엇을 어떻게 써야 할지 몰라서 난감했던 경험이 있었을 거예요. 아마도 그건 머릿속에 내 경험이 생각나지 않고 상투적인 표현들만 떠올랐기 때문일 것입니다.

안도현 시인이 쓴 〈너에게 묻는다〉라는 시가 있습니다. 아마 한 번쯤은 들어본 시일 거예요. 연탄을 소재로 한 짧은 시이지만 강렬한 감상을 남기는 시이지요. 혹시 아직 이 시를 읽어 보지 않은 친구들은 시집을 찾아서 직접 읽어 보길 권합니다. 안도현 시인은 연탄을 소재로 한 이 시에서 무엇을 표현하려고 했을까요. 여러분은 이 시를 읽었을 때 어떤 생각이 들었나요. 자신을 불살라 뜨겁게 타오르다 식은 연탄을 보고, 시인은 사랑에 대해서 이야기하는 것 같기도 하고, 자기희생에 대해 이야기하는 것 같기도 합니다. 하지만 정작 시를 쓴 안도현 시인은 전혀 다른 생각으로 시를 썼답니다.

애초에 나는 연탄을 소재로 타인에 대한 사랑이나 희생을 쓰려고 했던 게 아니다. 나는 연탄을 내세워 '가을'에 대해 쓰고 싶었다. 아니, '가을'을 쓰려고('가을'을 내 방식으로 인식하려고) 연탄을 끌어들였다는 말이 맞겠다. 옛날에는 여름의 뜨거운 기운이 꺾일 때쯤 제일 먼저 눈에 들어오는 게 연탄이었다. 연탄을 실은 트럭과 리어카가 거리와 골목을 누비기 시작하는 때가 바로 가을이었다.

안도현 지음, 《가슴으로도 쓰고 손끝으로도 써라》, 한겨레출판, 2009, p.42

놀랍게도 시를 쓴 안도현 시인은 연탄이라는 소재로 '가을'을 표현하려 했다고 합니다. 낯선 도시에서 혼자 자취를 하던 시절, 연탄이라는 것은 이제 가을이 왔다는 것을 느끼게 해주는 물건이었다는 게 이유였지요. 결국 안도현 시인에게 있어서 연탄은 곧 '가을의 경험'이었던 것입니다. 일반적인 생각과는 다른 자신만의 경험으로 만들어 낸 표현이지요.

여러분들에게 '가을'이라는 것을 느끼게 해주는 것은 무엇인가요? 안도현 시인의 '연탄'처럼 나만의 경험이 묻어나는 물건이 분명 있을 것입니다. 결국 좋은 시라는 것은 '나'라는 사람의 생각이 잘 녹아져 있는 시일 겁니다. 상투적인 표현 대신 나의 경험을 재료로 해서 쓴 것이겠지요. 시를 쓰는 것이 나에 대한 공부에 도움이 되는 이유는 바로 이 때문입니다. 꼭 시를 쓰는 것 말고도 자유롭게 내 생각을 펼치는 활동들을 해보세요. 나를 이해할 수 있는 아주 좋은 방법이 될 것입니다. 그 방법들을 하나씩 같이 연습해 보면 '나'라는 사람을 좀 더 깊이 알아갈 수 있겠지요?

누구나 경험하지 않고도

알 수 있는 것들이니까요.

가장 나다운 생각이 가장 창의적입니다

나만의 항해 지도를 만들자

혹시 배를 타고 바다에 나가본 적이 있나요? 제주도 서귀포에 가면 근처 바닷가를 돌아보는 바다 유람선이 있습니다. 유람선을 타고 3층 갑판에 올라가 시원한 바닷바람을 맞으면서 끝이 안 보이는 수평선을 바라보고 있으면 복잡했던 머리도 어느새 차분해지곤 했지요. 서울의 한강 유람선에선 느낄 수 없는 상쾌함이 있습니다. 저는 제주도에 가면 꼭 빼놓지 않고 그 유람선을 타지요. 정말 기분이 좋아지거든요.

그렇게 바다를 바라보고 있으면 우리가 사는 세상도 바다와 비슷한 것 같다는 생각이 듭니다. 우리는 바다로 항해를 떠나는 배와 같은 존재이죠. 청소년 시기에는 안전한 항구 안에서 각자의 배를 만들고 항해술도 배우게 됩니다. 성인이 되면 각자의 배를 이끌고 '사회'라는 망망대해로 나아갑니다. 어떤 사람은 신대륙을 발견하기 위해 노력하고, 어떤 사람은 한적한 섬에 정착하여 행복하게 살기도 합니다.

학교생활, 진로와 같은 인생의 과업과 단계에서 나만의 답을 찾는다는 것은 바다 한가운데서 나만의 항로를 찾는다는 것과 비슷한 것입니다. 사방이 모두 바다인 망망대해에서 나의 항로를 찾는다는 것은 쉽지 않은 일이지요. 생각보다 오랜 시간이 걸릴지도 모르고요. 어쩌면 사람은 평생 자신의 항로를 찾기 위해 살아가는 것인지도 모릅니다. 이것은 몇몇 정해진 사람들만의 일이 아닙니다. 이 책을 읽고 있는 모든 친구들에게 해당되는 일임을 꼭 기억해야 해요.

여러분은 아직 안전한 항구에 있습니다. 넓은 바다로 항해를 나아가기 전에 준비할 시간이 남아 있다는 것이지요. 오랜 항해 동안 쓸 식량과 물품도 넉넉히 준비하고, 앞으로 나의 배가 나아가야 할 항해 지도도 미리 그려 볼 수 있습니다. 그것이 곧 내가 무엇을 좋아하고 어떤 일을 하고 싶은지 알아가는 과정인 것이지요.

내 자신에게 솔직해지기

'나'를 알아가는 것이 중요한 건 알겠지만 아직도 어떻게 해야 할지 좀 막막할 겁니다. 집에서 매일 혼자 어려운 철학 시험 문제를 풀어 봐야 하는 것일까요. 책을 많이 읽으면 될까요. 친구들과 그룹을 만들어서 토론하면 될까요. 이 책은 그런 고민을 함께 나누기 위한 책입니다. 정해진 답이 없는 문제를 함께 고민해 보고 나의 답을 찾아보는 방법을 함께 공부해 보는 것이지요. 어렵거나 복잡하게 생각할 필요는 없습니다. 그저 이 책을 읽는 동안에는 잠시 마음의 긴장을 풀고 내 안에서 들려오는 목소리에 귀를 기울이면 됩니다.

저는 여러분과 만나기 전에 광고회사에서 카피라이터 일을 했었습니다. 알다시피 카피라이터는 광고에 나오는 글을 쓰는 사람입니다. 짧은 시간 동안 사람들의 눈길을 끌 수 있는 글을 쓰는 직업이다 보니 늘 새로운 아이디어에 목말라 있었지요. 만약 여러분이 새로운 아이디어를 찾아야 한다면 어떻게 할 거 같나요? 스마트폰이나 컴퓨터로 그 주제에 대해 검색을 하는 친구도 있고, 관련된 책이나 잡지를 찾아보는 친구도 있겠지요.

카피라이터가 되기 전에 카피를 쓰는 법을 배운 적이 있었습니다. 사실 그 강의를 듣고 카피라이터가 되기로 맘먹었다 해도 과언은 아니었지요. 카피 수업의 첫 시간에 선생님이 해주셨던 이야기는 아직도 생생히 기억납니다.

"사람들 대부분은 아이디어를 밖에서 찾으려고 합니다. 하지만 모든 아이디어는 내 안에 있습니다. 자신감을 갖고 내 안에 있는 답들을 찾으세요."

정말로 모든 카피는 연습장과 펜만으로 쓸 수 있습니다. 인터넷이나 책과 같은 외부 자료를 전혀 찾아보지 않고 말이죠. 선생님은 그 주제에 관한 '자신의 경험'에서 아이디어를 찾도록 가르쳐 주셨습니다. 아무리 낯선 주제로 카피를 써 보는 것이라도 곰곰이 생각해 보면 분명 나에게도 그 경험이 있음을 알게 되었지요. '이건 너무 개인적인 이야기라서 다른 사람은 잘 이해하지 못할 거야'라고 생각한 것일수록 오히려 반응은 좋았습니다. 나만의 경험에 집중할수록 나만의 생각과 감정을 얻을 수 있었습니다. 그리고 그 나만의 생각과 감정에 솔직할수록 더욱 창의적인 결과물이 나온다는 것을 깨달았지요.

구체적인 이야기를 해볼까요? 초코과자에 대한 카피를 쓸 때였습니다. 초코과자에 대한 나의 경험을 떠올려 보니 주로 일이 안 풀리거나 스트레스를 받을 때 먹곤 했다는 걸 깨달았지요. 그 순간에 먹는 초코 과자는 유독 맛있고 기분까지도 전환되었습니다. 아마 비슷한 경험을 한 친구들도 많이 있을 거예요. 스트레스를 받으면 가슴이 답답해지고 마음이 불안해지기도 합니다. 결국 스트레스는 마음의 문제이니까요. 몸이 아프면 온몸에 열이 나는 것처럼, 스트레스를 받으면 마음에 열이 나는 것이 아닐까 생각이 들었습니다. 그 순간 먹는 초코과자는 마음의 열을 내려 주는 해열제라는 생각을 하게 되었지요. 그래서 '마음 해열제'라는 카피로 완성한 기억이 납니다. 초코과자에 대한 나의 솔직한 경험에서 나온 카피였지요. 나만의 경험이라고 생각했지만 사실 다른 사람들도 비슷하게 느꼈던 것이기에 공감을 받을 수 있었습니다.

또 한 번은 비타민제에 대한 아이디어를 떠올릴 때도 있었습니다. 그 제품의 특징은 화학원료 대신 천연원료로 만들었다는 것이지요. 그것을 효과적으로 알릴 수 있는 카피를 써야 했습니다. '천연원료'라는 것은 누구나 아는 말이지만 쉽게 와 닿지 않는다고 느꼈습니다. 그래서 그것을 대체할 수 있는 말을 고민해 봤습니다. 여러분이라면 어떤 단어를 떠올릴 것 같나요? 저에게 '천연'이라는 느낌을 주는 것은 방금 딴 과일이나 밭에서 수확한 채소 같은 것들이었지요. 그럼 천연원료로 만든 비타민제는 마치 나무나 밭에서 수확한 제품이라고 말할 수 있지 않을까 생각했습니다. 그래서 '밭에서 캐온 비타민'이라는 카피를 쓰게 되었지요. '천연'이라는 단어에 대한 솔직한 나의 느낌으로 만들어진 카피였지요.

이렇게 모든 아이디어에 대한 재료는 내 경험과 내 생각이었습니다. 굳이 책이나 인터넷을 찾아보지 않더라도 이미 답은 내 안에 있었지요. 오히려 카피를 쓰면서 내 자신에 대해 알게 된 것들도 많았습니다. 아이디어를 내는 과정에서 내 생각과 감성이 자연스레 묻어났으니까요. 나 자신을 알아가는 방법은 어렵지 않습니다. 솔직한 내 생각을 세상으로 꺼내면 됩니다. 보잘 것 없다고 부끄러워하지도 말고, 뭐가 됐든 용기 있게 세상으로 꺼내 보세요. 그런 솔직한 생각이 창의적이라고 인정받는 것은 오히려 덤이지요. 그렇게 본다면 가장 나다운 생각이 가장 창의적이고, 창의적인 생각을 할 때 나를 발견할 수 있는 것이겠지요. 여러분도 나 자신의 생각과 감성을 믿는다면 나를 발견하는 것도 그렇게 어려운 일이 아닐 겁니다.

세상을 더 특별하게 바라보는 나만의 생각렌즈

카메라가 한 대 있다고 생각해 봅시다. 요즘 많은 사람들이 좋아하는 DSLR 카메라라고 해보죠. DSLR 카메라의 특징은 바디(본체)와 렌즈가 분리되는 것이지요. 그래서 촬영 상황에 따라 렌즈를 교체하면서 찍을 수 있습니다.

자, 이제 그 카메라로 장미꽃 한 송이를 찍어 봅시다. 사진은 어떻게 나올까요? 당연히 꽃잎은 빨갛고 줄기와 잎은 초록색을 띠는 사진이 나오겠지요? 이제 카메라 렌즈를 바꿔 봅시다. 자세히 확대해서 찍을 수 있는 망원렌즈를 끼우면 어떻게 될까요? 장미꽃의 전체 모습은 볼 수 없지만 꽃잎에 맺힌 작은 물방울은 물론이고, 미세한 결까지 보이네요. 이번엔 흑백필터가 있는 렌즈로 바꿔서 찍어 봅시다. 흑백사진으로 표현된 장미는 뭔가 쓸쓸한 느낌을 주기도 하네요. 그 안에 어떤 이야기가 가득 담겨 있는 것 같기도 하고요.

사람도 카메라와 똑같습니다. 우리 눈앞에 보이는 것들을 찍고 저장하지요. 그것을 '생각' 또는 '감상'이라고 말할 수 있겠네요. 아주 평범한 렌즈를 가지고 있는 사람들은 눈앞에 보이는 것을 그 모습 그대로밖에 표현할 수 없습니다. 하지만 만약 아까 말한 망원렌즈나 흑백렌즈와 같이 특별한 렌즈를 가지고 있다면, 같은 것을 보고도 다르게 표현할 수 있겠지요. 이제 느낌이 오나요? 맞습니다. 나만의 생각이란 카메라의 렌즈와 같은 것이에요. 렌즈마다 다른 사진이 나오듯 같은 것을 보고도 다르게 생각하는 힘, 그것이 바로 창의력입니다.

즉 창의적인 사람이란 자신만의 '생각렌즈'를 갖고 있는 사람이라고 할 수 있을 거예요. 무엇을 보든 자신만의 독특한 렌즈로 그것을 표현할 수 있는 사람인 것이지요. 자신만의 렌즈를 갖기 위해서는 일단 나에 대해서 잘 알아야 하고, 내 안에서 올라오는 소리를 잘 들을 줄 알아야 합니다. 그리고 그것을 솔직하게 표현하면 되지요. 내가 어떤 사람인지, 무엇을 좋아하고, 무슨 생각을 하는지 알 수 있는 좋은 방법으로 '창의적인 활동'이 왜 중요한지 이제 이해가 되지요?

이미 답은 내 안에 있었지요.

'나에 대한 공부'가 주는 선물

저는 별로 특별하지 않은데요

"여러분, 창의력이 뭘까요?"

창의력 수업의 첫 시간에 늘 물어보는 질문입니다. 강의에서 만나는 청소년 친구들부터 기업 특강에서 만나는 직장인 아저씨들까지 갖가지 대답이 나오지만 내용은 크게 다르지 않습니다.

"남들하고 다른 거요."
"기발한 아이디어요."
"원래 있던 것보다 뛰어난 생각이요."

표현의 차이는 있지만 '남과 다른 생각'이라는 공통점은 있지요. 사실 '창의력'이란 단어를 모르는 사람은 없습니다. 저마다 말하는 창의력의 뜻도 틀린 것이 없고요. 다만 딱 한마디로 정리해서 말하기가 어려울 뿐이지요. 첫 번째 질문에 이어 두 번째 질문도 바로 이어서 던집니다.

"그럼 창의적인 사람은 누가 있을까요?"

"스티브 잡스요."
"빅뱅 지드래곤이요."
"이상봉 디자이너요."

물론 모두 정답입니다. 전부 우리가 이미 잘 알고 있는 사람들이지요. 그런데 우리 주변에는 창의력이 좋은 사람이 없을까요? 혹은 나 자신은요? 저 질문에 스스로를 가리키거나, 주변에 알고 있는 사람을 말한 친구는 아직 한 명도 없었습니다. 아마도 '창의력이 좋은 사람'은 대부분 TV에 나오거나 세계적으로 유명한 사람들이라고 생각하는 탓이겠지요. 평범한 나, 그리고 평범한 나의 주변에는 보기 힘든 특별한 사람 말이지요.

이렇게 보면 '창의력'은 우리에게 참 가깝고도 먼 것 같아요. 학교나 사회에서는 창의력이 중요하다고 하는데, 정작 내 주변에서는 쉽게 찾아볼 수가 없지요. '창의력' 과목을 따로 배우는 것도 아니고, 대학 수능시험에 '창의력 영역'이 있는 것도 아니니 더 막연하게 들리는 것도 당연합니다. 그러니 TV에서나 본 유명한 사람들의 전유물로 느껴질 수밖에 없지요.

나만의 존재감과 색깔을 만들고 확인하는 기쁨

하지만 우리도 매일 무언가를 만들고 있습니다. 앞서 이야기한 창의적인 인물들처럼 거창하고 위대한 결과물은 아닐지라도 우리만의 색깔을 담은 무언가를 말이지요. 예를 들어볼까요? 친구와 스마트폰으로 메시지를 주고받으면서 내 생각을 글로 표현하고 있지 않나요? 노트 한쪽 구석에 낙서를 하면서 새로운 이미지를 만들고, 하굣길에 내 느낌대로 노래를 흥얼거리며 나만의 멜로디를 만들고 있지는 않나요?

평범한 일상 속에서 우리가 하고 있는 행동들이 모두 창의적인 일이 될 수 있습니다. 나만의 색깔, 나만의 무언가를 더 가미한다면 말이지요. 창의적인 것은 골똘히 머리를 싸매다 어느 날 갑자기 완성되는 것이 아닙니다. 매일 조금씩 쓰는 용돈처럼, 일상생활 속에서 내 생각과 느낌을 써서 표현한 경험들이 쌓여서 새로운 것들을 만들어 내고, 창의력을 키우게 됩니다.

학교에 가면 따로 배우지도 않았는데 노래를 잘 부르거나, 축구를 잘하는 친구들이 있습니다. 흔히 '타고났다'고 말하는 능력이지요. 이처럼 창의적인 능력도 노래나 축구 실력처럼 타고나는 게 아닌가 생각하는 친구들이 많을 거예요. 사실 여러분뿐만이 아니라 많은 사람들이 그렇게 생각합니다. 창의력이란 세상에 없던 물건을 만들거나, 멋진 디자인을 하는 사람들이나 갖고 있는 능력이지, 머리를 아무리 굴려 봤자 나처럼 평범한 사람에게는 절대 있을 리 없다고 생각하지요. 나만의 생각 따위에 별다를 게 있을까 포기해 버리고 말지요. 우리가 흔히 갖고 있는 '창의력'에 대한 오해입니다.

하지만 창의력은 누구에게나 있는 능력입니다. 아무리 생각해 봐도 나는 너무도 평범해 '나만의 무언가가 없는 것'처럼 느껴진다면, 다시 말해 창의적인 능력이 없는 것 같다면 그건 아직 그것을 발견할 기회와 방법을 모르기 때문입니다. 창의력은 마치 근육과도 같습니다. 누구나 갖고 있지만 그것을 직접 확인하고 키우지 않으면 없는 것과도 같습니다. 아직도 못 믿겠다는 눈빛을 하고 있군요. 그럼 지금부터 재미있는 게임 하나를 해보죠. 바로 〈아니오 카드〉라는 게임이에요.

방법은 간단해요. 일단 포스트잇과 펜, 노트를 준비합시다. 포스트잇에 '아니오'라고 크게 적어 주세요. 그리고 주변에 쉽게 볼 수 있는 물건에 그 포스트잇 붙여 보는 겁니다. 우리가 늘 갖고 다니는 스마트폰에 한 번 해보지요. '아니오'라고 적은 포스트잇을 스마트폰에 붙여 봅시다. 자, 이제부터 스마트폰은 더 이상 스마트폰이 아닌 거예요. 그럼 뭘까요? 준비한 노트에 스마트폰이 아니면 뭐일지 빠르게 적어 봅시다. 오래 생각하지 말고 그냥 떠오르는 대로 막 적어 보는 거예요. 예를 들면 이런 것들을 적어 보는 겁니다.

- 손, 꽃, 친구, 인형, 당근, 안경, 연필, 학원, 계란, 운동화, 헬리콥터, 거울, 피자, 종이….

여러분도 이만큼 찾았나요? 위에 적혀 있는 것은 실제 수업시간에 학생들이 쓴 것들이에요. 시간제한만 없으면 무한대로 쓸 수 있겠죠? 그냥 머릿속에 스친 단어나 눈앞에 보이는 것들을 써도 괜찮아요. 진짜 게임은 지금부터입니다. 노트에 왜 스마트폰이 아니고 손인지, 꽃인지, 친구인지, 인형인지 하나씩 그 '이유'를 써보는 거예요. 너무 논리적일 필요는 없습니다. 머릿속에 떠오르는 작은 생각들을 겁내지 말고 풀어 놓는 게 중요해요. 힘들 거 같다고요? 절대 그렇지 않아요. 지금껏 이 게임을 어려워서 못한 친구는 단 한 명도 없었거든요.

- 스마트폰이 아니고 손이다. 늘 내 손에 딱 붙어 있으니까.
- 스마트폰이 아니고 안경이다. 인터넷 검색을 하면 더 자세히 볼 수 있으니까.
- 스마트폰이 아니고 운동화다. 일 년이 지나면 바꿔야 할 거 같으니까.

이런 식으로 생각나는 대로 쭉쭉 적어 가다 보면 나 스스로도 놀라울 만큼 재미있는 답들이 나오곤 합니다. 실제 친구들이 한 것 중에 재미있는 답들을 공개해 볼게요.

- 스마트폰이 아니고 계란이다. 떨어뜨리면 깨지니까.
- 라면이 아니고 식물이다. 물을 주면 자라니까.
- 창문이 아니고 기상캐스터다. 날씨를 알려 주니까.
- 겨울이 아니고 심사 위원이다. 냉정하니까.

▩ 옷이 아니고 문이다. 없으면 밖에 못 나가니까.

참 기발한 생각들이죠? 같은 것을 다르게 보는 힘이라고 한 '창의력'이 빛나는 생각들입니다. 저 답을 말한 친구들은 초등학교 6학년부터 고등학교 1학년까지 다양한 나이였어요. 중요한 건 창의력 수업 첫 날, 아무것도 배우지 않은 채 곧바로 한 게임이라는 것이에요. 그 말은 우리에게는 이미 같은 것을 보고 다른 생각을 할 수 있는 능력이 있다는 뜻입니다. 나만의 특별함도 충분히 가지고 있지요. 그것을 감추지 말고 적극적으로 살펴보고 드러내 본다면 더욱 확실하게 알 수 있을 거예요. 이 책을 보면서 실제로 〈아니오 카드〉 게임을 열심히 해본 친구는 실감할 거예요.

이제 오해가 조금 풀렸나요? 이 정도라면 나도 한 번 해볼 수 있겠다는 생각이 들었나요? 그렇다면 여러분은 나에 대한 공부의 첫 번째 관문을 무사히 통과한 것입니다. 같은 것을 다르게 볼 수 있는 능력이 나에게도 있다는 것을 확인한 것이지요.

나만의 방식으로 일상을 저장하자

나만의 생각을 키우기 위해 많은 경험을 하는 것도 아주 중요할 것입니다. 하지만 그보다 더 중요한 것은 나의 경험을 '저장'해 두어야 한다는 것입니다. 평소에 잘 경험하고, 느끼고, 저장을 잘 해두어야 필요할 때 꺼내서 쓸 수 있을 테니까요. 방법은 간단합니다. 우리의 경험이 이뤄지는 곳은 바로 일상이지요. 학교에 등교하고, 친구들과 얘기하고, 함께 밥을 먹고, 때론 어딘가 여행하는 일상 속에 우리의 경험이 들어 있습니다. 그리고 그 일상을 잘 저장하면 되는 것입니다. 가장 좋은 저장 방법은 즐거운 순간을 콕 집어 보는 것입니다.

'제이레빗'이라는 가수의 노래 중에 이런 가사가 있습니다.

상쾌한 바람이 부는 아침에 한껏 여유 부릴 때
좋아하는 노랠 들으며 걸어갈 때
시간 맞춰 버스를 탈 때
아주 맛있는 걸 먹었을 때
오랜만에 친구들을 만났을 때
말도 안 돼! 공부 안 했는데 백 점

〈제이레빗, Happy Things〉

누구나 일상에서 경험할 수 있는 일들이지요. 우리에게도 이 가사와 같은 섬세한 감성이 필요합니다. 작은 일상이라도 나를 즐겁게 해주는 것들을 놓치지 않고 저장해 두는 습관을 가져 봅시다. 그것이 곧 나만의 경험이 되고, 내 생각의 밑거름이 됩니다. 더 나아가 나만의 생각을 할 수 있는 기초 체력이 됩니다. 자, 오늘부터 우리의 일상을 함께 저장해 봅시다!

나처럼 평범한 사람에게는

절대 있을 리 없다고

생각하지요.

답은 없고, 피하고 싶고,

울고만 싶은 고민과 문제들….

하지만 해답은 언제나

내가 쥐고 있다는 것!

나를 알면 고민도 풀린다

틈만 나면 스마트폰 게임, 컴퓨터 게임… 게임을 **멈출 수가 없어요**

우리가 게임에 빠지는 이유

게임을 좋아하나요? 요즘 청소년 친구들에게 게임은 없어서는 안 되는 것이 되었지요. 짬짬이 스마트폰 게임을 즐기기도 하고, PC방에 가서 친구들과 게임을 하기도 합니다. 과연 컴퓨터나 스마트폰이 없었던 옛날에는 어떻게 지냈을까 싶을 정도로 요즘 청소년 친구들에게 게임은 뗄 수 없는 것이 되었습니다. 스스로 조절을 잘하는 친구들도 많지만, 실제로 게임에 너무 많은 시간을 빼앗겨서 다른 일을 하지 못하는 친구들도 많습니다. 게임 때문에 부모님과 갈등이 있는 경우도 많지요. 하지만 무조건 '게임은 나쁜 거야'라고 말하기 전에 왜 우리는 게임에 빠지게 되는 건지 아는 게 좋지 않을까요.

'공부와 게임' 하면 어떤 생각이 드나요? 공부는 힘들고 어렵게 느껴지고, 게임은 재미있고 쉽게 느껴지지요. 하지만 게임을 해본 친구들은 알겠지만 게임도 꽤 높은 집중력과 기술을 필요로 합니다. 게임을 잘하기 위해서는 꽤 오랜 시간 연습해야 하고 익히고 외워야 하는 것도 많습니다. 워낙 복잡한 게임이 많아진 요즘엔 게임도 공부 못지않게 어려운 것이 되었지요. 그럼에도 불구하고 왜 우리는 게임에는 그렇게 열심일까요? 게임을 하다 보면 몇 시간이 훌쩍 지나가 있고, 공부보다도 게임을 더 쉽고 재미있게 느끼는 건 왜일까요?

사람은 자기가 하고 있는 일의 수단과 목적이 일치하면 즐거워하고, 수단과 목적이 다르면 흥미를 잃습니다. 말이 조금 어렵게 느껴지나요? 쉽게 말해서 영어가 너무 좋아서 영어 공부를 열심히 하는 것은 수단과 목적이 같은 것입니다. 이럴 때는 영어 공부가 힘들고 어렵다고 느끼지 않지요. 설령 힘들더라도 그것을 견뎌 낼 힘이 있습니다. 하지만 좋은 점수를 받기 위해서 영어 공부를 열심히 하는 것은 수단과 목적이 다른 것입니다. 내가 하는 것은 영어 공부이지만, 그것은 영어가 좋아서 하는 것이 아니라 좋은 점수라는 다른 '목적'을 위해서 하는 것이니까요. 이렇게 수단과 목적이 다를 때는 어려움을 느끼고 의욕도 떨어지게 됩니다. 아마 다들 비슷한 경험이 있었을 겁니다.

게임이 즐거운 이유는 '게임을 하고 싶다'는 목적과 '게임을 한다'는 수단이 같기 때문입니다. 수단과 목적이 같을 때 즐거움을 느끼는 것은 인간의 특징이기도 하고요. 그렇기 때문에 오랜 시간 게임을 하거나 어려운 과제를 받더라도 스트레스를 크게 받지 않는 것입니다. 프로게이머를 한번 생각해 봅시다. 프로게이머는 게임이 직업이 된 사람들이지요. 얼핏 보기엔 매일매일 실컷 게임만 할 수 있어서 좋다고 생각할 수 있지만 실제 프로게이머는 회사원이 일을 하는 것처럼 의무적으로 게임을 해야 합니다. 이때부터는 게임이 더 이상 놀이가 아니라 일이 되는 것이지요. 늘 좋은 성적을 내기 위해서 연습을 해야 하고, 게임이 하기 싫을 때도 게임을 해야 하기 때문에 스트레스를 받을 수밖에 없습니다. 결국 청소년 친구들도 게임을 하느냐 공부를 하느냐가 중요한 게 아니라, 내가 하고 싶은 것을 하고 있는지가 중요합니다. 게임 말고도 수단과 목적이 같은 일을 찾을 수 있다면 게임에 중독될 일이 없겠지요.

이런 것들을 우리 실생활에 직접 적용할 수는 없을까요? 눈치가 빠른 친구들은 벌써 생각했을 겁니다. 우리가 공부를 더 잘할 수 있는 방법도 여기에 있고, 게임 말고 우리를 즐겁게 해줄 수 있는 것들을 더 찾을 방법도 여기에 있지요. '게임'이라서 우리가 즐거워하는 게 아니라 수단과 목적이 같은 것을 했을 때 우리가 즐거워한다는 것을 깨달았으니까요.

공부를 게임처럼 할 순 없을까?

공부를 좀 더 즐겁게 하기 위해서는 어떻게 해야 할까요? 공부 역시 목적과 수단을 같게 만드는 것이 중요합니다. 그러기 위해서는 일단 목적을 작게 만드는 게 좋습니다. 좋은 대학을 가기 위해서나 다른 사람들에게 인정을 받기 위해서 공부를 잘하겠다는 목적은 너무 범위가 넓지요. 그런 큰 목적으로 공부를 하면 금방 흥미를 잃게 되고 스트레스를 받게 됩니다.

좀 더 구체적인 목적을 만들어 봅시다. 예를 들면 수학 문제를 풀었을 때 느끼는 쾌감이 좋다든지, 좋아하는 미드를 자막 없이 보기 위해서 영어를 더 열심히 공부하고 싶다든지 말입니다. 이렇게 내가 공부에서 느낄 수 있는 즐거움이나 작은 목적들을 많이 찾아내도록 합니다. 분명 자신만이 느끼는 것들이 있습니다. 그동안 찾을 기회가 없었을 뿐이지요. 약간의 시간을 갖고 곰곰이 생각해보면 생각보다 많은 것들을 찾을 수 있습니다. 그렇게 찾은 목적을 가지고 '공부'라는 수단과 연결해 봅시다. 그저 좋은 점수를 받기 위해서 했던 공부와는 조금 다르다는 것을 느낄 거예요. 오늘부터라도 마치 미니게임을 하듯 나의 작은 즐거움을 위해 공부하는 연습을 조금씩 해봅시다. 그것이 내가 공부를 즐기는 방법이 됩니다.

아마 많은 친구들이 여가시간에 하는 것이 게임일 것입니다. 게임이 좋고 나쁨을 떠나서, 게임보다 우리에게 더 큰 즐거움을 줄 수 있는 것은 없을까요? 사람은 무언가를 만드는 것을 좋아합니다. 그건 사람의 본능과도 같은 거예요. 어린아이들을 보면 늘 손으로 무언가 만들곤 하지요. 물론 누군가는 그것을 낙서나 말썽으로 볼 수도 있지만, 그것들도 엄연한 창의적인 활동 중 하나입니다. 어린 시절을 벗어난 우리도 잘 생각해 보면 늘 무언가를 만들고, 다듬는 데 많은 시간을 보내지요. 노트에 낙서를 하고, 재미있는 것을 보면 핸드폰을 꺼내 사진을 찍는 것처럼 말이에요.

우리나라를 대표하는 실력파 배우 하정우 씨가 그림을 그린다는 사실을 알고 있나요? 벌써 10년이 넘게 그림을 그려 왔고, 개인 전시회도 여러 번 열었다고 합니다. 하지만 하정우 씨는 한 번도 정식 미술교육을 받아 본 적이 없다고 해요. 아주 우연한 기회에 그림을 그리게 되었는데, 영화 촬영으로 지친 몸과 마음이 회복되는 느낌을 받아서 계속 그리게 되었다고 합니다. 그림을 그리는 동안에는 정말 즐겁다고 합니다. 지금은 하정우 씨가 그린 그림이 비싼 가격에 팔릴 만큼 유명해졌지요. 하지만 그렇게 되기 전까지 돈을 벌기 위해서가 아니라 스스로의 즐거움을 위해서 그림을 그려 왔던 것이지요. 앞에서 말한 '목적'과 '수단'이 같은 그림 그리기였던 것입니다.

무언가를 만들면서 얻는 즐거움은 누구에게나 똑같이 있는 본능 같은 것이에요. 나 스스로 또 하나의 세계를 만들어 보는 것이지요. 어떻게 보면 자신의 창의성이 가장 폭넓게 발휘될 수 있는 기회입니다. 나도 몰랐던 내 안의 세상을 바깥으로 끄집어낼 수 있는 기회이지요. 컴퓨터 게임이 정해진 규칙 안에서만 플레이하는 것이라면, 무언가 만드는 일은 자유도가 아주 높은 게임과 같다고 말할 수 있을 거예요. 그런 것을 하면서 느끼는 성취감은 게임에서 이겼을 때와는 비교도 할 수 없을 정도로 큽니다. 청소년 친구들이 이 사실을 몰랐던 것은 그동안 게임 말고는 딱히 다른 것을 할 생각도, 기회도 없었기 때문입니다. 가장 쉽게 접할 수 있는 것이 게임이었기에 자연스럽게 게임에만 몰두하게 된 것이지요.

여러분에게 장담할 수 있습니다. 내 손으로 무언가를 만들어 내는 활동이 얼마나 큰 즐거움을 줄 수 있는지 말입니다. 게임보다 더 즐거울 수 있다는 것도요. 이 책에서는 여러분이 직접 손으로 해볼 수 있는 활동들을 소개할 겁니다. 가벼운 마음으로 쉽게 해볼 수 있는 활동들이에요. 이 활동을 하면서, 나는 어떤 것에 더 즐거움을 느끼는지를 알고, 또 나에게도 새로운 것을 만들어 낼 수 있는 능력이 있음을 직접 느꼈으면 좋겠습니다. 책을 덮고 나서도 계속 그것이 하고 싶다면 여러분은 게임 말고도 나에게 즐거움을 줄 수 있는 좋은 취미거리를 찾게 된 것입니다.

게임이 좋고 나쁨을 떠나서,

게임보다 우리에게

더 큰 즐거움을

줄 수 있는 것은 없을까요?

부모님의 기대 때문에 숨이 턱 막혀요

부모님의 기대와 나의 의지를 분리하자

몇 년 전 TV에서 〈행복해지는 법〉이라는 다큐멘터리가 방영된 적이 있어요. 당시 고등학교 3학년이었던 친구의 이야기가 기억에 남습니다. 중학교 때까지는 공부를 잘해 오다가 고등학교로 진학한 후부터 성적이 계속 떨어져서 대학 진학을 포기한 친구였지요. 어렸을 때부터 물심양면으로 자신을 뒷바라지해 주신 부모님에게 실망을 드렸다는 죄책감에 한때는 극단적인 선택도 생각했다고 하더군요. 자신이 무엇을 좋아하는지, 뭘 하고 싶은지 생각할 겨를도 없이 고3이 되어 버린 그 친구의 모습이 보는 내내 안타까웠습니다.

사실 공부를 잘하고 싶지 않은 친구는 없을 겁니다. 누구나 공부를 잘해서 내가 가고 싶은 대학교에도 가고, 부모님을 기쁘게 해드리고 싶을 겁니다. 운동이나 미술처럼 다른 분야를 공부하고 있는 친구들도 비슷할 거예요. 모두 자신이 하고 있는 분야에서 좋은 결과를 얻길 바라는 건 똑같을 겁니다. 그렇게 부모님이 기대하는 대로 잘되면 다행이지만, 여러 이유로 좋은 결과를 얻지 못한 친구들은 큰 좌절감에 빠지게 됩니다. 다큐멘터리에 나온 고3 친구처럼 말이지요. 많은 청소년 친구들의 고민은 이런 이유에서 비롯되기도 합니다.

프랑스의 정신분석학자 라캉은 이런 말을 했습니다. “인간은 타인의 욕망을 욕망한다.” 말이 조금 어렵지요? 쉽게 말하면 사람들은 남들이 인정해 주는 것을 하려는 특성이 있다는 말입니다. 내가 좋아서 하는 일보다 다른 사람이 박수를 쳐주는 일을 더 좋아한다는 이야기입니다. 특히 부모님의 보살핌으로 살고 있는 청소년 시기에는 더욱 그렇지요. 부모님과 주변 사람들의 기대에 부응하고 싶다는 의지가 강하기 때문입니다. 사실 청소년 시기의 이런 생각과 행동은 아주 자연스러운 것입니다. 다만 어른이 되어서도 늘 남에게 인정받기 위해서만 살게 된다면 아주 위험해집니다. 그것은 자신을 위한 삶을 살지 못하고, 남을 위한 삶을 산다는 것이니까요. 그렇게 되면 행복해지기가 힘들지요.

흔히 청소년 시기라고 불리는 중고등학교 시절은 우리가 어른, 즉 독립적인 인간이 되기 위하여 준비하는 시기입니다. 아직 부모님과 함께 살아가고 있지만 앞으로의 독립을 준비하는 시간을 가져야 하지요. 사실 많은 청소년 친구들의 고민은 부모님과 나 사이에서 일어납니다. 나의 관심과 전혀 다른 것을 하게끔 하는 부모님과 갈등을 빚거나 부모님의 기대만큼 결과를 얻지 못하여 사이가 나빠지기도 하지요. 누구나 하는 고민이지만 이럴 땐 어떻게 해야 하는지 선뜻 방법이 생각나지 않습니다.

제일 중요한 것은 부모님의 기대와 나의 의지를 분리해서 보는 것입니다. 내가 하고 있는 일들을 살펴보면서 '이건 부모님이 나에게 거는 기대구나', '이건 내가 하고 싶은 의지구나' 이렇게 분리해서 생각해보는 겁니다. 아마 생각보다 많은 것들을 나의 의지보다 부모님의 기대 때문에 한다는 것을 알게 될 거예요. 하지만 그것이 꼭 잘못된 것은 아닙니다. 아직 많은 경험을 하지 못한 청소년 때는 부모님의 조언이 반드시 필요합니다. 청소년들은 무엇보다 많은 경험을 하는 게 제일 중요하니까요. 또 아직 내가 어떤 관심을 갖고 있는지 발견하지 못한 친구들도 있을 것이고요. 청소년 시기엔 그렇게 나에 대한 공부를 하면서, 나를 알아가는 시간입니다. 독립은 어른이 된 이후에 하는 것이지요.

부모님의 기대와 나의 의지를 분리했다면 '균형'을 잡는 것이 중요합니다. 그러기 위해선 부모님의 기대 혹은 나의 의지 중에 한쪽에만 너무 기울어져 있지 않은지 늘 살펴봐야 하지요. 가끔씩 바쁜 일상을 멈추고 내가 지금 어떤 방향으로 가고 있는지도 알아야 합니다. 그렇게 스스로를 바라보는 것만으로도 마음이 한결 가벼워질 수 있습니다. 부모님의 기대에 조금 부응하지 못했다 해도 너무 자책하거나 실망하지 않을 수 있습니다. 그렇게 균형을 잘 맞춘 친구들은 어른이 되어서도 자신만의 독립적인 인생을 살아갈 수 있지요.

인생의 주인이 되어야 생각의 주인이 될 수 있다

앞서 소개한 다큐멘터리에는 덴마크에 살고 있는 청소년 친구들의 이야기도 소개되었지요. 실업계 고등학교에 다니는 학생들과 인터뷰를 했는데, 사회에 나가서 바로 쓸 수 있는 기술을 배우는 친구들이었습니다. 공부가 아닌 기술을 배우는 데도 이 친구들은 전혀 주눅이 들어 있는 태도가 아니었지요. 공부만이 제일 중요한 것이라고 생각하는 우리나라의 분위기와는 사뭇 다른 풍경이었지요. 그 친구들은 '공부'라는 것이 여러 가지 재능 중에 하나일 뿐이라고 말합니다. 다른 사람과 나를 비교한다고 해서 내가 그 사람이 되는 게 아니기 때문에 공부를 잘하는 사람과 나를 비교하지도 않는다고 했지요. 실제로 20년 넘게 벽돌공으로 살아 온 사람과 인터뷰를 했을 때도 비슷한 이야기를 들을 수 있었습니다.

"나 같은 사람이 없다면 지붕이나 벽이 없는 집에 살게 될 겁니다. 그건 아무도 바라지 않겠죠? 내 직업은 은행장이나 마찬가지로 똑같이 중요해요."

덴마크 사람들의 가치 판단 기준은 '나'인 것 같습니다. 남들과의 비교보다는 나 자신의 만족을 더욱 우선으로 삼는 것이지요. 인생의 행복 역시 비슷할 것입니다. 내 인생의 행복은 '나'에게 달려 있는 것이겠지요? 결국 행복이라는 것은 남들이 보기에 좋아 보이는 옷을 입는 게 아니라, 나에게 꼭 맞는 옷을 입는 것과 같다는 것입니다. 여러분도 지금부터 남들과의 비교를 멈추고, 내가 어떤 사람인지를 알아가 보세요. 그것이 좀 더 행복한 인생에 다가가는 방법입니다. 나에게 무엇이 중요한지를 알고 있는 사람은 남의 기대와 나의 의지의 '균형'을 맞추는 일도 잘할 것입니다.

남과 비교하지 않고, 남의 기대에 끌려가지 않는 사람은 내 인생의 진정한 주인으로 살고 있는 것입니다. 인생의 주인으로 살아가는 사람은 당연히 생각의 주인도 될 수 있겠지요? 남들의 기대에만 부응하려는 사람은 자기 자신을 찾기 어려울 것입니다. 남들과 비슷하게만 살아가는 사람 역시 남들과 다른, 독창적인 생각을 할 수는 없을 것이고요.

결국 행복하게 인생을 살아간다는 것은 내 인생의 주인이 될 수 있느냐에 달려 있습니다. 청소년 시기는 스스로 인생의 주인이 되기 위해서 준비하는 시간이고요. 가끔은 눈앞에 보이는 것만 보지 말고 두세 발짝 뒤로 물러나서 나의 인생을 좀 더 길게 바라봐야 합니다. 나는 지금 어디로 가고 있는지, 맞는 길로 가고 있는지를 봐야 하지요. 무엇이든 열심히 하는 것도 중요하지만, 무엇을 위해 열심히 하는지도 생각해 봐야 합니다. 그런 생각들이 나를 더욱 나답게 만들어 주고, 남과 다른 나만의 아이디어를 샘솟게 만들어 줍니다. 잊지 않았지요? 가장 나다운 것이 가장 창의적이라는 사실!

가치 판단 기준은

'나'인 것 같습니다.

저보고 엉뚱하대요. 그런데 엉뚱한 게 잘못된 건가요?

왜 자신의 독특한 코드를 숨겨야 할까?

영화 〈엑스맨〉을 아나요? 마블코믹스의 만화를 원작으로 한 히어로 영화이지요. 겉모습은 사람과 똑같지만 돌연변이 인자를 지닌 다양한 캐릭터들이 주인공으로 나옵니다. 손에서 칼날이 나오는 울버린, 눈에서 강력한 레이저빔을 쏘는 싸이클롭스, 자신이 원하는 모습으로 능수능란하게 변신을 할 수 있는 미스틱 등 엄청난 능력들이 있는 돌연변이들이지요. 하지만 정작 〈엑스맨〉의 주인공들은 자신의 능력을 숨기고 싶어 합니다. 그 돌연변이 능력 때문에 사람들과 가깝게 지내지 못하기 때문이지요. 세상을 위해 그 엄청난 힘을 쓸 때까지 저마다 수많은 고민과 어려움을 겪게 됩니다.

〈엑스맨〉을 보고 있으면 꼭 우리의 이야기 같다고 느껴질 때가 있습니다. 우리도 저마다 고유한 성격과 특징들이 있지요. 그런데 나의 성격과 특징들이 다른 사람들과 많이 다르다고 느껴지면 자신도 모르게 주변 시선을 의식하게 됩니다. 다른 친구들이 나를 이상하게 보지 않을까, 혹시 나를 따돌리지 않을까 하는 걱정도 함께하게 되지요. 그러면서 자신만의 독특한 특징들을 밖으로 표현하지 않으려고 애를 씁니다. 마치 〈엑스맨〉 주인공들이 그랬던 것처럼 말입니다.

대안학교에서 만난 정우는 자신만의 습관이 하나 있습니다. 머릿속에 드는 생각을 모두 말하는 습관이었지요. 기쁘고 좋은 것뿐만 아니라 싫고 불쾌한 것들도 모두 표현했지요. 그러다 보니 주변 친구들에게 상처를 주는 경우가 종종 있었습니다. 그것 때문에 다투는 일도 많았습니다. 결국엔 다른 친구들이 한데 모여서 정우를 따돌리는 상황까지 생기게 되었지요. 결국 정우는 다니던 학교를 그만두고 대안학교에 왔습니다. 거기서 자기를 이해해 주는 친구들과 함께 공부를 하게 되었습니다.

하지만 창의력 수업시간에 만난 정우는 그 어떤 친구들보다 아이디어가 넘쳐났습니다. 늘 자신의 생각을 솔직하게 잘 표현하는 능력이 창의적인 활동을 할 때는 큰 힘을 발휘하는 것이었지요.

다른 수업에서 만난 주형이도 기억에 남는 친구입니다. 중학교 1학년인 주형이는 정말로 엉뚱한 생각을 많이 하는 친구였습니다. 늘 호기심이 많았고 궁금한 만큼 그 문제에 파고드는 능력도 있었지요. 가끔은 질문이 너무 많은 주형이 때문에 수업을 진행하기 힘든 경우도 있을 정도였지요. 하지만 늘 무언가를 만들어 내는 능력은 정말로 탁월했습니다. 자신만의 독특한 시선을 늘 지니고 있었기 때문에 주형이는 무엇을 시키든 자신만의 색깔을 입혀서 만들어 내는 능력이 있었지요.

정우와 주형이는 〈엑스맨〉의 주인공처럼 자신의 고유한 능력을 버리지 않았던 것입니다.

남들 보기에 엉뚱한 나, 받아들이고 사랑하자

모든 사람들이 다르게 생겼듯이 성격도 저마다 다른 특징이 있습니다. 학교를 들어가기 전에는 부모님께서 우리의 모든 모습을 이해해 주고 사랑해 주기 때문에 우리의 본모습을 자연스럽게 펼칠 수가 있었지요. 하지만 학교를 들어간 후에는 다른 친구들과의 관계를 신경 쓰게 됩니다. 다른 사람들에게 좋은 이미지를 심어 주고 싶은 마음은 다들 똑같기 때문이지요. 그러다 보면 나만의 고유한 특성들을 하나씩 숨기게 됩니다. 마치 〈엑스맨〉의 울버린이 손에서 칼날이 나오지 않도록 하는 것과 같은 것이지요. 뾰족뾰족한 나 자신의 모습을 둥글게 다듬고 있는 것과도 같습니다.

청소년 시기는 '나'를 발견하고 만들어가는 시기이지요. 남들과 달라 보이고 엉뚱한 나의 특성이라도 시간을 들여서 나만의 능력이 될 수 있도록 만들어야 합니다. 물론 나의 특성을 지켜낸다는 것은 꽤 어려운 일입니다. 친구 관계가 소원해질 수도 있고요. 하지만 그럼에도 우리는 자신의 특성을 지켜 나갈 수 있어야 합니다. 그래야만 우리는 진정한 '나'로 거듭날 수 있기 때문입니다.

설령 남들과 다른 모습이더라도 그것을 조금 더 어루만져 주고 사랑해 줍시다. 그 모습까지 모두 더해서 나의 모습이 되는 것이니까요. 스스로 단점을 못 느끼는 사람은 단 한 명도 없습니다. 다만 그것을 바라보는 시각의 차이만 있을 뿐이지요. 단점이라 느끼는 것을 무조건 바꾸고 없애기보다는 그것을 좀 더 나의 좋은 능력으로 만드는 노력을 해야 합니다. 정우와 주형이가 그랬던 것처럼 말입니다.

엉뚱함은 나의 힘!

〈괴물〉, 〈설국열차〉를 만든 봉준호 감독은 남다른 창의력의 비결로 '혼자 있는 시간'을 말한 적이 있었습니다. 그런데 우리 사회에서는 남들 보기에 혼자서 놀거나, 혼자 있는 사람은 별로 좋지 않은 평가를 받기 쉽습니다. 학교생활에서도 혼자 밥을 먹거나, 혼자 생각하는 걸 즐기는 친구는 외톨이 취급을 받고 성격이 소극적이거나 까다롭다고 평가되기 쉽지요. 반면 말을 잘하고 인기가 많아서 주변에 사람이 끊이지 않는 친구들도 있습니다. 우리는 그런 친구들에게 흔히 사회성이 좋다고 말합니다. 그리고 사회성이 좋다는 것은 대단한 칭찬으로 여기지요.

그런데 그렇게 사회성이 좋은 친구들은 그만큼 혼자서 있을 시간이 줄어듭니다. 물론 다른 사람들과 잘 어울리고 친하다는 것은 장점입니다. 하지만 사람은 혼자서 보내는 시간도 꼭 필요한 것이지요. 봉준호 감독이 혼자 있는 시간에 유심히 관찰하기도 하고, 창의적인 아이디어를 떠올려서 멋진 예술 작품을 구현해낸 것처럼 말입니다. 하지만 봉준호 감독 역시 혼자 있는 시간을 즐기는 자신에 대한 시선과 평가를 받아야 하지 않았을까요? 다소 튀고 엉뚱한 성격이라는 시선을 말입니다.

엉뚱한 친구들, 성격이 괴팍한 친구들, 감정에 솔직한 친구들은 자신의 그런 특징 때문에 학교에서 친구들을 두루 사귀지 못하거나 평가 절하되는 일이 많습니다. 하지만 시간이 흘러서 세상에 나가면 그 괴팍하고 엉뚱한 특징들이 꽤 멋진 장점으로 바뀌기도 합니다. 엉뚱한 생각에서 창의력이 나오는 것처럼요. 왜일까요? 그만큼 자기 자신에게 집중하면서 '나'라는 사람을 잘 키웠기 때문입니다. 즉 남들이 단점이라 여긴 모습을 잘 성장시켜 나만의 훌륭한 차별점으로 키워 냈기 때문이지요. 설령 지금 내 모습이 맘에 들지 않는다고 하더라도 숨지 마세요. 그리고 나의 진짜 모습을 꼭 지켜 나가기를 바랍니다.

〈월플라워〉라는 영화에는 이런 대사가 나옵니다.

"사람은 자기가 생각한 만큼 사랑을 받기 마련이다."

내가 나를 어떻게 생각하느냐에 따라 다른 사람들도 나를 그렇게 바라봅니다. 내가 스스로 단점으로 느낀다면 다른 사람들도 그것을 단점으로 느낄 것이고, 스스로 장점이라 생각한다면 다른 사람들도 장점으로 볼 것입니다.

결국 모든 열쇠는 나에게 있습니다. 〈엑스맨〉의 주인공들도 비슷한 고민에 빠졌습니다. 하지만 그들은 남들과 다른 특징을 단점으로 두지 않고 세상을 구하는 '가치 있는 능력'으로 바꾸었지요. 그러고는 세상의 영웅이 되었습니다. 여러분은 어떤 선택을 할 건가요?

뾰족뾰족한 나 자신의 모습을

둥글게 다듬을 필요… 있을까요?.

내가 뭘 하고 싶은지 모르겠어요

왜 꿈을 물어보면 직업을 대답했을까?

그동안 "너는 꿈이 뭐니?"라는 질문을 참 많이 들었지요? 어렸을 때는 경찰관, 과학자, 선생님 같이 자신이 알고 있는 직업을 꿈으로 주로 이야기했지요. 조금씩 나이가 들면서는 좀 더 구체적인 '직업'을 꿈으로 말합니다. 가끔 하늘을 나는 것이 꿈이라고 하는 친구나 많은 사람들을 즐겁게 해주는 게 꿈이라고 하는 친구들도 있지요. 그럼 대부분의 사람들은 그 꿈을 파일럿이나 개그맨으로 바꿔서 이해하곤 합니다.

곰곰이 생각해보면 조금 이상한 것 같기도 합니다. 왜 꿈을 물어보면 우리는 직업을 생각했을까요? 꿈이라는 것이 꼭 직업만을 말하는 게 아닐 텐데 말입니다. 파일럿이 아니라도 스키 점프 선수가 되어 하늘을 날아볼 수 있고, 개그맨이 아니라도 재미있는 선생님이 되어서 많은 사람들을 즐겁게 해줄 수도 있는데 말이지요. 우리는 언제부터인가 꿈과 직업을 헷갈리기 시작한 것 같습니다.

꿈을 직업으로만 한정시킨다면 우리는 많은 어려움을 만나게 됩니다. 좋아하는 일을 하기에 앞서서 그 직업을 가져야만 하니까요. 누구나 마음만 먹으면 될 수 있는 직업도 있지만, 엄청난 노력과 운이 따라야 될 수 있는 직업도 많으니까요. 남들에게 도움을 줄 수 있는 일을 '의사'라는 직업으로만 연결시켰다면 스스로 의대를 갈 수 있을지부터 고민하게 될 것입니다. 관객들에게 감동을 주는 '연기자'가 되는 게 꿈이라면 자신의 외모로 먼저 판단하게 될지도 모르고요. 그렇게 하다 보면 자신의 꿈을 향해 나아가기도 전에 스스로 지쳐 쓰러질 수도 있습니다. 또 여러분들이 어른이 되는 시기에는 없었던 직업이 새로 생길 수도 있고, 기존 직업이 사라질 수도 있지요. 꿈을 직업으로만 한정시키는 것은 우리 스스로에게 많은 족쇄를 채우는 것과 마찬가지입니다.

신 나는 일이 잘하는 일이다

다들 내가 좋아하는 일을 평생 하면서 살고 싶지요? 그게 진정한 꿈일 것입니다. 그럼 좋아하는 일이란 무엇일까요? 아무리 오랫동안 하더라도 지루하지 않고 신 나는 일이 아닐까요. 맞습니다. 그런 신 나는 일이 우리의 꿈이 될 수 있을 것입니다. 이제부터는 꿈을 '신 나는 일'로 연결시켜 봅시다. 그와 관련된 직업은 일단 잊어버리세요. 여러분이 사는 세상엔 또 어떤 직업이 생기고 없어질지 모른다는 얘기 잊지 않았지요?

자, 지금부터 종이와 펜을 꺼내서 나를 신 나게 했던 일을 적어 봅시다. 아주 어렸을 때 경험도 좋고요, 엊그제 한 일도 좋습니다. 나를 가슴 떨리게 하고 기분이 아주 좋았던 경험을 떠올려 보는 것입니다.

여러분이 잘 아는 김성주 아나운서의 아들 김민국 군은 공룡을 정말 좋아한다고 합니다. 공룡이 되는 것이 꿈이라서 공룡의 울음소리도 연습했다고 하네요. 아마도 민국 군은 공룡만 보면 기분이 좋고 신 났을 겁니다. 민국 군이 진짜 공룡이 될 순 없지만 공룡을 연구하는 사람이 될 수 있지는 않을까요? 그렇게 되면 매일 자신이 좋아하는 공룡을 보면서 평생 살아갈 수 있겠지요.

이제 여러분들도 내 가슴을 뛰게 하는 '신 나는 일'을 생각해 봤지요? 한 개가 아니라 여러 개여도 상관없습니다. 아주 사소한 것이라도 괜찮고요, 구체적이면 더욱 좋습니다. 청소년 친구들에게 수업시간에 이 질문을 했을 때도 좋은 대답들이 많이 나왔습니다. 기억이 남는 대답은 '여행에 가는 차를 타고 있을 때', '영화관에서 영화가 시작할 때', '내 블로그에 방문객이 늘었을 때'와 같은 대답이었지요. 정말 나만의 신 나는 일들이지요. 여러분들도 앞으로 나의 꿈을 생각할 때 직업 대신 신 나는 일을 떠올리세요. 그것이 여러분의 진정한 꿈이 될 수 있으니까요. 그런 다음 그 신 나는 일을 자주 할 수 있는 방법만 생각해 보자고요. 신 나는 일 자체에 집중하는 거예요. 직업은 그 후에 자연스럽게 따라오게 되어 있습니다.

아마 다들 좋아하는 일을 할 때면 밥 먹는 것도 잊은 채 몰입한 경험이 있을 거예요. 이처럼 신 나는 일을 하면 우리는 쉽게 지치지 않습니다. 어떻게 해야 나의 꿈을 이룰 수 있을까 하는 질문의 해답도 여기서 찾을 수가 있겠네요. 세상의 많은 직업과 일들은 대부분 오랜 시간을 투자해야 이룰 수 있는 것들이 많습니다. 수영선수는 당연히 하루 중 물속에서 보내는 시간이 많겠지요? 그런데 만약 수영선수가 되고 싶지만 물을 좋아하지 않는다면 어떻게 될까요? 수영 자체가 별로 즐겁지 않으니, 당연히 좋은 수영선수가 되기 힘들 것입니다. 우리를 신 나게 하는 일을 꿈으로 삼아야 하는 또 다른 이유이기도 합니다. 꿈을 이루기 위해서는 지치지 않고 그 일을 꾸준히 해야 하는 것이 필수적인데, 그것을 가능하게 해주는 가장 큰 원동력은 바로 '즐거움'입니다. 일 자체에서 즐거움을 느끼면 과정에 충실하게 되고, 그렇게 보낸 시간이 쌓이고 쌓여서 직업을 갖고 그 일을 평생 하게 되는 것이지요. 그 일의 '타이틀'만을 원하고 그 '과정'을 싫어하는 사람은 절대로 그 꿈을 이룰 수 없습니다.

혹 나의 관심사나 신 나게 하는 일이 바뀌는 것이 걱정되나요? 그렇다면 걱정할 필요는 없습니다. 아직 우리는 경험해 본 일보다 경험해 보지 않은 일들이 훨씬 더 많습니다. 그렇기에 시간이 지날수록 우리를 즐겁게 하는 일이 늘어나는 것은 당연합니다. 오히려 관심사가 이것저것 많은 친구들은 더 기뻐해야 합니다. 그 모든 것들이 한데 어우러져 나만의 새로운 재능으로 탄생할 수 있으니까요. 너무 어렸을 때부터 나의 꿈을 확실하게 정해야 한다는 압박감에 힘들어하고 있지는 않나요. 이제 그 압박감을 내려놓고 '나를 신 나게 하는 일은 무엇일까?'에 집중하도록 합시다. 그것이 나의 꿈에 더 빨리 다가가는 비결이니까요.

신 나는 일을 할 때 창의력도 샘솟는다

지루한 일을 할 때는 시간이 더디게 가는 것처럼 느껴집니다. 마음속으로 이 시간이 빨리 끝났으면 좋겠다는 생각뿐이지요. 계속 시간에만 신경 쓰게 되고, 하고 있는 일 자체에는 관심이 생기지 않습니다. 어떤 상태인지는 여러분이 하기 싫은 일을 했을 때를 떠올려 보면 금방 이해될 겁니다. 얼굴에도 생기가 없고 몸의 움직임도 느릿느릿 하게 되지요. 그렇게 하는 일이 좋은 결과로 이어지긴 힘들겠지요.

반대로 신 나는 일을 하는 사람의 모습을 살펴볼까요? 눈이 초롱초롱하고 움직임도 빠릿빠릿하지요. 누가 시키지 않아도 먼저 호기심을 갖고 이것저것 찾아보기도 합니다. 시간이 얼마나 흘렀는지 모르는 건 당연한 것이지요. 창의력은 누구에게나 있는 능력이라고 한 말 기억나지요? 그것을 가장 잘 실감할 수 있을 때가 바로 '신 나는 일'을 하고 있을 때입니다. 평소에는 아무리 조용하게 지내던 친구들도 그때만큼은 전혀 다른 사람으로 변하니까요. 머릿속도 풀가동되어 생각이 샘솟는 것이 느껴질 겁니다. 그리고 그 기분이 매우 나를 행복하게 만들지요.

나를 신 나게 하는 일을 발견한다는 것은 참 중요한 일입니다. 그만큼 나에게 집중할 수 있고 진정한 나를 발견할 수 있기 때문입니다. 그렇게 나의 재능을 알게 된 사람에게 창의력이란 아주 쉽고 도 재미있는 능력이 될 것입니다.

그것이 나의 꿈에 더 빨리 다가가는 비결이니까요.

늘 다른 사람을 의식하게 돼요

우리는 남을 통해 나를 알게 된다

하루에 몇 번이나 거울을 보나요? 아침, 저녁으로 한 번씩만 보는 친구도 있을 테고 하루 종일 거울을 끼고 사는 친구들도 있겠지요. 하지만 누구나 자주 보는 거울이 또 있습니다. 바로 '타인'이라는 거울입니다. 매일 보고 있지만 우리의 눈에는 잘 안 보여서 의식을 못하고 있을 뿐이지요. 타인이 왜 거울일까요? 거울은 우리의 모습을 비춰 주는 도구이지요. 거울을 통해 자신의 잘난 부분, 못난 부분을 전부 볼 수 있습니다. 오똑한 코도 볼 수 있지만 이마에 난 여드름도 볼 수 있듯 말입니다.

타인도 거울과 같습니다. 내 주변 사람들이 나에게 하는 말과 행동에 따라 나의 모습을 알게 되는 것이지요. 다른 사람들이 예쁘다, 멋있다고 말해 주면 내가 정말 그런 사람인 것 같습니다. 마찬가지로 누군가가 나에게 못났다, 이기적이라고 말하면 나도 모르게 나를 그렇게 생각하게 됩니다. 대부분의 사람은 이렇게 다른 사람의 말과 행동에서 자유롭기가 힘듭니다. 특히 자아가 만들어지는 청소년 시기에는 다른 사람의 평가가 절대적으로 중요하지요. 아직 스스로 파악한 자신의 모습이 적어서 더더욱 타인의 평가에 예민해지는 것입니다. 많은 청소년 친구들이 남들 앞에서 창피한 것을 유독 견디지 못하는 것도 이런 이유 때문이지요.

하지만 남의 평가로만 나를 알게 되는 것은 그리 좋은 방법이 아닙니다. 다른 사람들의 평가는 참고 사항이 될 수는 있습니다. 하지만 자기 자신은 스스로의 힘으로 알아가야 합니다. 매일 한 집에서 같이 사는 가족이라 해도 나의 모든 것을 다 알고 있지는 않습니다. 그 누구도 나를 나만큼 잘 알 수는 없습니다.

창의력 수업 시간에 꼭 해보는 것이 있습니다. 바로 내가 생각하는 내 모습과 부모님, 친구들이 생각하는 내 모습을 적어 보는 시간이지요. 친구들이 적은 것을 보면 놀랍게도 부모님이나 친구들이 아는 내 모습과 실제 내 모습이 반대인 경우가 많습니다. 아무리 가까운 사람이라고 해도 나의 모든 모습을 볼 수는 없고, 내가 스스로 조절해서 보여주는 것이 많기 때문에 그렇습니다. 여러분들도 꼭 한 번 남이 보는 나와, 내가 보는 나를 비교해 보길 바랍니다. 다시 말하지만, 나를 나보다 더 잘 알 수 있는 사람은 없답니다.

왜 '타인'이라는 거울에 너무 의존해서는 안 되는지 알겠지요? 나만큼 나를 잘 아는 사람이 없는데 다른 사람들의 평가에 따라 나를 이해해서는 안 되는 것이니까요. 그렇다고 다른 사람들과 대화도 하지 않고 관계를 맺지 않은 채 살아가야 하는 것은 아닙니다. 가장 이상적인 모습은 내가 스스로 알고 있는 내 모습으로 중심을 잡고, 다른 사람들의 말을 가려서 들을 줄 아는 것이지요. 좋은 말도 나쁜 말도 모두 조금씩 가려서 듣는 것입니다.

진짜 내 소개를 해보자

닉 페어웰의 〈GO〉라는 소설이 있습니다. 이 책은 브라질 교육부의 인정을 받아 2009년부터 브라질 전국의 공립 고등학교에 모두 비치된 책이기도 하지요. 사실 닉 페어웰이라는 저자는 열네 살 때 브라질로 이민을 가서 28년 동안 브라질 사람으로 산 이규석(한국 이름) 씨입니다. 머나먼 이국땅에서 살며 느낀 것들을 진솔하게 소설로 담은 것이지요.

소설에는 이런 이야기가 나옵니다. 작가가 되고 싶은 주인공은 우연히 청소년 친구들에게 글쓰기 수업을 가르치게 됩니다. 강의 첫날, 각자 소개를 하는 자리를 갖습니다. 그는 그 자리에서 청소년들에게 조금 특별한 방법으로 자신을 소개하도록 합니다. 덕분에 글쓰기 수업을 듣기 위해 모인 친구들은 여태껏 한 번도 해보지 않은 자기소개를 하게 되지요.

"여러분 이름이 적힌 출석부를 들고 오긴 했지만, 이름이 적힌 이 종이가 여러분의 진짜 모습을 보여준다고 생각하지는 않아. (중략) 자신의 습관에 대해 이야기해 봐. 아무도 하지 않는, 바로 여러분만 하는 것을 말해 봐. 여러분이 누구인지 나한테 보여주는 거야. 세상에서 유일한 사람이 되기 위해 여러분 각자가 무엇을 하고 있는지 이야기해 봐."

"전 마리아나입니다. 빗속을 걸어 다니는 걸 무척 좋아해요."

"저는 춤추는 걸 좋아해요. 글 쓰는 것도 좋아하고요. 남자 친구가 있을 때는 데이트하는 걸 좋아해요."

"저는 살아가는 걸 좋아해요."

닉 페어웰, 《GO》, 비채, 2013, p.92~94

여러분은 어떤 사람인가요? 지금 다니는 학교나 학년, 이름 말고 소설의 대사처럼 세상에서 유일한 사람이 되기 위해 여러분만이 하고 있는 모습 말입니다. 다른 사람들은 절대 알 수 없는 나만의 습관, 즐거움으로 나를 표현하는 것이지요. 그렇게 나를 이해하고 소개해 보면 아마 가장 정직하고 솔직한 나의 모습을 만날 수 있을 것입니다.

조금 어려울 것 같다고요? 절대 그렇지 않습니다. 아직까지 이런 생각을 해볼 기회가 없었을 뿐이에요. 한 번도 나에 대해서 시간을 두고 곰곰이 생각해 본 적이 없었기 때문에 어려워 보이는 것뿐이에요. 마음의 여유를 갖고 하나씩 나를 찾아가다 보면 여러분도 쉽게 대답할 수 있는 문제입니다. 드디어 '타인의 거울'에서 해방될 수 있는 기회이기도 하고요. 여러분도 지금 당장 저 친구들처럼 나는 어떤 사람인지 한 줄로 정리해 봅시다!

나를 알아야 '내 생각'도 펼칠 수 있다

진정한 나의 모습을 알게 되면 무엇이 좋을까요? 당장 학교 공부에 학원, 시험들까지 할 일이 태산인데 '나에 대한 공부'는 좀 나중에 해도 되지 않을까 생각하는 친구들도 많을 거예요. 물론 아직은 시험문제에 '자신의 생각을 자유롭게 쓰시오'라는 문제는 나오지 않지요. 하지만 시간이 좀 더 흘러서 성인이 되고 사회에 나갔을 때 제일 많이 듣게 되는 질문은 "당신의 생각을 말해 보세요" 입니다. 내 생각이라는 것은 단순히 내가 아는 지식만으로는 말할 수 없는 것이지요. 오랜 시간 나 스스로에 대한 공부를 했을 때 나올 수 있는 것입니다.

멀리 나갈 것 없이 대학 입시나 고교 입시 때 쓰는 자기소개서, 논술 시험, 면접 등도 마찬가지에요. 그것들은 모두 '나'에 대한 것들을 쓰고 말하는 것이지요. 평소에 한번도 '나'에 대해서 생각해 보지 않은 친구들이 자기소개서나 논술시험을 준비하기 힘들어하는 것은 어찌 보면 너무나 당연한 일입니다. 입시를 떠나서도 '나'에 대한 공부는 평생 동안 아주 중요한 일이에요.

더 나아가 나를 안다는 것은 창의력과 아주 밀접한 관계가 있지요. 가장 나답게 표현하는 게 가장 창의적이라고 했듯이, 나를 잘 알고 있다는 것은 창의적인 표현을 하기에 유리하다는 것이니까요. 자, 이제 남들의 평가를 조금 내려놓고 진정한 나의 모습을 찾아볼 준비가 되었나요? 함께 하나씩 우리의 진짜 모습을 찾아 나갑시다.

누구나 자주 보는 거울이 또 있습니다.

바로 '타인'이라는 거울입니다.

나만의 생각이

이토록 중요하다는 사실을 깨달았다면,

이제 실천해 볼 차례입니다.

당장에 어떻게 나만의 생각을 찾아야 할지,

그리고 키워 나가야 할지 막연하다구요?

그저 나를 위한 시간과 마음만 준비하면 됩니다.

즐겁게 놀이하듯이 내면여행을 떠나 봅시다.

같은 것을 다르게 보는 나만의 생각 만들기

하루 30분, 내 생각이 자라는 시간

우리는 쉬는 동안 자란다

청소년 시기에 우리는 모두 성장합니다. 방학이 끝나고 개학 날 학교에 가보면 몰라보게 키가 큰 친구들이 있지요. 통통한 친구들이 살을 확 빼고 나타나 놀라기도 합니다. 살이 빠져 콧날과 눈이 또렷해진 친구들, 변성기로 목소리가 굵어진 친구들도 있지요. 그렇게 점차 자신만의 모습으로 변해 갑니다. 속도의 차이는 있지만 예민한 신체의 변화도 생깁니다. 나이는 같아도 겉모습은 저마다 다르게 성장합니다.

흔히 2차 성장을 한다는 사춘기인 것이죠.

참 신기한 건 우리는 우리가 훌쩍 자라는 것을 잘 알아채지 못한다는 것이지요. 어느 날 교복이 작아진 걸 느낄 때, 넉넉했던 신발이 꽉 끼는 걸 느끼고 나서야 성장했다는 걸 알게 됩니다. 집에서 식물을 키워 본 친구들은 이런 경험이 있을 거예요. 처음엔 아주 작은 새싹이었는데 며칠이 지나고 나서 보면 어느새 많이 자라 있는 모습을요. 식물들도 우리가 자라는 모습과 비슷한 것이 많습니다.

그럼 우리는 언제 자라는 것일까요? 어릴 적 밤에 자다가 발이 너무 아파서 깨본 경험이 한 번쯤 있을 거예요. 우리가 자는 동안 발이 크면서 '성장통'이 생긴 것이지요. 이처럼 우리 몸의 성장은 대부분 우리가 자고 있을 때 이루어지지요. 다시 말해, 우리의 성장은 우리가 쉬고 있을 때 이루어집니다. 주로 잠을 자는 밤 시간이지요. 그러니 청소년 시기의 '잠'이란 단순한 휴식을 떠나 '성장'의 시간이기도 한 것입니다.

하지만 사춘기 때 성장하는 건 몸만이 아닙니다. 우리의 생각도 함께 성장합니다. 어릴 때는 마냥 옳다고 생각한 것들에 대해 '의심'을 품어 보기 시작하지요. 어른들의 얘기, 친구들의 얘기도 곧이곧대로 듣지 않습니다. 그러면서 자신만의 주관을 하나씩 만들어가기 시작합니다. 그러다 보면 부모님이나 주변 친구들하고도 충돌하는 일들도 번번이 생기죠. 생각의 '성장통'이라고도 할 수 있습니다.

그럼 '생각의 성장'은 언제 이루어지는 것일까요? 몸은 밤에 자는 동안 성장한다는데, 생각도 몸과 똑같이 밤에 자라는 것일까요. 아니면 공부를 하거나 책을 읽는 동안 자라는 것일까요. 물론 우리가 머리를 쓰고 있을 때도 생각이 자랍니다. 하지만 성장은 무언가를 하고 있을 때보다는 쉬고 있을 때 좀 더 많이 일어나는 일이지요. 결국 생각도 우리가 생각을 쉬고 있을 때 자란다는 것입니다.

하루 30분, 생각을 비우자

청소년 시기는 각자의 고유한 모습을 만들어 가는 때입니다. 어른이 되어 가는 시간이라고 할 수도 있지요. 자신만의 외모와 생각이 합쳐져서 '나'라는 사람이 되는 것입니다. 이 중 하나를 빼먹게 된다면 완전한 어른으로 성장하지 못하는 것입니다. 하지만 흔히 생각의 성장을 중요하지 않게 여기는 일이 많지요. 비록 키처럼 눈에 보이는 것은 아니지만, 생각의 성장 역시 우리에게 정말 중요하다는 걸 알아야 합니다.

잠을 제대로 못 잔 날은 하루 종일 힘이 듭니다. 온몸이 무기력하고 밥맛도 별로 없지요. 이런 날에는 수업도 제대로 듣지 못하고, 친구들과 대화를 하거나 노는 것도 힘듭니다. 사람은 제대로 쉬어야 일도 제대로 할 수 있는 것이지요. 생각도 마찬가지입니다. 머리를 비워야 그만큼 채울 수도 있는 것이지요. 하지만 배울 것도 많고, 알아야 할 것도 많은 요즘 청소년 친구들은 제대로 쉬지도, 머리를 비우지도 못하지요. 하루 종일 수업을 듣고 공부를 합니다. 내내 머리에 무언가를 넣고 쉴 새 없이 머리를 회전시킵니다. 마치 온종일 잠을 자지 않고 일하는 것과 마찬가지인 것이지요.

잠을 자야 일을 할 수 있듯이, 우리의 머리도 비워야 채울 수 있습니다. 방법은 아주 간단합니다. 하루에 딱 30분씩만 생각의 휴식을 주는 것입니다. 우리는 평소에 끊임없이 머리로 생각합니다. 이따가 뭘 해야 하는지, 오늘 집에 가서 무엇을 챙겨야 하는지 끊임없이 계획하지요. 하루 30분간만 흔히 말하는 '멍 때리는 시간'을 가져 보세요. 되도록 조용한 장소에서 누군가의 방해를 받지 않고 허공을 쳐다보며 30분 동안만 아무런 생각을 하지 않는 것입니다. 잠을 자는 동안 우리의 몸이 자라듯, 멍 때리는 동안 우리의 생각이 자라게 되는 것이지요.

〈머리를 비우는 시간〉의 저자 다츠노 카즈오도 멍하니 보내는 시간에 성장한다고 말했지요. 그는 어른이 되지 않은 친구들이 멍하니 보내는 시간을 '번데기 시기'라고 설명하기도 했습니다. 아름다운 날개를 펼치며 나는 나비는 처음부터 날개가 있었던 것은 아닙니다. 번데기가 되어 묵묵히 자라는 시간이 꼭 필요합니다. 즉 우리 청소년도 멋지게 날기 위해서는 번데기가 되어 조용히 명상하는 시기가 반드시 필요하다는 것이었지요. 늘 일상이 바쁜 청소년 친구들은 딱 30분만이라도 '번데기'가 되어 보길 바랍니다.

비워야 채울 수 있다

우리가 성장하기 위해서는 자랄 수 있는 여유를 주어야 합니다. 매일 충분한 잠을 자고, 30분씩 생각을 멈추는 것처럼 말이지요. 그렇게 비워진 시간에 우리는 나만의 모습으로 성장합니다. 특히 생각을 멈추는 동안 우리는 자연스럽게 '나'를 바라보게 됩니다. 내가 속해 있는 곳을 잠깐 떠나 진정한 나와 만나는 시간인 것이지요. 그렇게 본다면 생각이 성장하는 시간은 '나를 발견하는 시간'이기도 합니다. 그 시간이 꾸준히 쌓인다면 나를 더 잘 이해하게 되는 건 당연하겠지요. 더욱 나답게 생각할 수 있고, 그것은 곧 창의적인 생각과도 연결됩니다. '생각

멈추기'는 공부에도 도움이 됩니다. 우리의 몸은 비운 만큼 채울 수 있게 되기 때문이지요. 공부를 더 잘하고 싶다면 쉬는 시간에 몸만 쉴 게 아니라, 우리의 머리도 쉬게 해줘야 합니다. 그것이 바로 효율적인 공부이지요.

물론 우리가 하루 30분 동안 생각을 비우기 위해서 그전에 열심히 채워야 하는 건 당연하겠지요? 하루 동안 열심히 움직여야 잠이 잘 오는 것과 마찬가지입니다. 하루 종일 '생각 멈추기'만 해서는 안 되겠지요. 더 많이 채우기 위해 비워낸다는 것을 잊지 말고, '생각 멈추기'를 하기 전에 열심히 생각해야 합니다. 어려운 수업도 열심히 듣고, 머리를 써야 할 때는 충분히 써봐야 합니다. 학교생활이나 친구 관계의 고민들도 끊임없이 생각해 봐야 합니다. 모두 '나'를 완성시키는 일들이니까요. 그런 후 하루 30분 생각 비우기를 한다면 복잡한 문제들이 의외로 풀릴 수도 있습니다. 30분 동안 그 문제들이 제자리를 찾아갈 여유를 주는 것이니까요. 언제나 비운 만큼 채울 수 있다는 것을 잊지 말도록 합시다. 그것이 우리를 성장하게 만든다는 것도요.

생각도 우리가 생각을 쉬고 있을 때 자랍니다.

내가 보는 건 다른 사람이 보는 것과 다릅니다

10명의 사람, 10개의 생각

영화 〈은교〉에서는 이런 대사가 나옵니다.

"어떠한 사물에서 각자 떠올리는 이미지는 때로 이승과 저승만큼 멀거든."

무슨 말인지 이해가 되나요? 꽤 놀라운 이야기입니다. 같은 사물을 보고도 사람들마다 느끼는 게 약간 다른 게 아니라 이승과 저승만큼 다르다는 말이니까요. 아직 머리를 갸우뚱하는 친구들이 많을 겁니다. 내 주변에 있는 물건만 봐도 사람마다 다르게 볼 것이 별로 없을 거 같은데 말이죠. 만약 가방을 봤다면 다들 '학교'나 '공부'를 떠올릴 테고, 하늘에서 내리는 눈을 봤다면 '성탄절'이나 '눈사람'을 떠올릴 것 같은데 말이죠. 그런데 실제로는 그렇지 않다는 것이죠. 가장 큰 이유는 사람들마다 겪은 경험이 전혀 다르기 때문입니다. 만약 강아지를 좋아하는 친구는 강아지만 봐도 기분이 좋겠지만, 강아지에 안 좋은 기억이 있는 친구는 강아지 얼굴만 봐도 두려움이 생길 테니까요.

영화 〈은교〉에서 시인이자 교수로 나오는 이적요 선생님은 가난한 환경에서 어린 시절을 보냈지요. 그때 느낀 경험으로 '연필'에 대한 생각을 이렇게 표현하기도 했습니다.

> *"연필을 떠올리면 학교로 뛰어가는 소년이 보인다. 너무 가난해서 학교에 가지 못하게 됐을 때 달각달각 그 소리가 연필들이 내는 울음소리 같더구나. 그러니까, 내게 연필은 눈물인 거지."*

비록 영화 속 인물이지만, 이적요 선생님에게 연필은 눈물이었던 것입니다. 여러분에게 있어서 연필은 어떤 의미를 지니나요? 기분 좋은 물건인가요, 혹은 마음이 무거워지는 물건인가요? 아마 모두 자신의 경험에 따른 독특한 생각이 있을 것입니다.

하지만 많은 친구들은 모든 것에 하나의 '정답'이 있을 거라고 생각합니다. 연필이라고 하면 왠지 '학교, 공부, 시험'과 같은 것을 떠올려야 하지 않을까 싶지요. 이는 그렇게 말해야 맞는 것이 아닐까 하는 마음에서 비롯된 것입니다. 사실 곰곰이 생각해 보면 이적요 선생님처럼 연필에 대한 나만의 경험과 느낌이 분명 있는데 말입니다.

글쓰기나 자기 생각을 표현하는 것을 어려워하는 친구들도 비슷한 이유 때문입니다. 자신의 생각을 표현한다는 것은 자신이 경험하고 느낀 것을 표현한다는 것과 같은 이야기입니다. 우리는 매일매일 수없이 많은 경험을 합니다. 흔히 일상이라고 치부하며 피부로 느끼진 못하지만, 매일 엄청난 양의 경험이 우리 머리와 가슴에 쌓여지고 있지요. 글쓰기를 하거나 자기 생각을 표현할 때는 창고에서 물건을 찾듯이 우리 안에 있는 경험을 솔직하게 꺼내 오면 됩니다.

그러기 위해서는 일단 하나의 문제에 꼭 답도 하나일 거라는 생각을 바꿔야 합니다. 사람들의 얼굴이 저마다 다르듯 생각하는 답도 전부 다르다는 것을 잊지 말아야 합니다. 10명의 사람이 있다면 10개의 생각과 답이 있다는 것이지요. 100명이 있다면 당연히 100개의 생각이 있는 것이고요. 이렇게 말로만 하는 것보다는 실제로 느껴 보는 것이 중요하겠지요? 자, 이제부터 그것을 직접 확인해 봅시다!

1. 색깔로 이야기하기

방법은 간단합니다. 물건 중에서 오묘한 색깔을 가진 것을 찾습니다. 표지색이 예쁜 노트나 옷, 필기구 그 어떤 물건도 괜찮습니다. 검정, 흰색, 빨강처럼 단순한 색깔이 아니라 'OO색'이라고 말하기 힘든 색을 지닌 물건이면 됩니다. 그런 물건을 찾았다면 이제 그 물건의 색깔을 보고 느껴지는 것을 자유롭게 말해 봅시다. 친구들과 함께해 보면 더 좋습니다.

자, 그 색깔을 보고 생각나는 경험을 떠올려 보세요. 작년 여름 시골에 갔을 때 본 열매의 색깔이 떠오를 수도 있고, 내가 제일 좋아하는 과자가 떠오를 수도 있습니다. 마음의 여유를 갖고 천천히 생각에 잠겨 봅니다. 생각나는 것들을 연습장에 적어도 좋습니다. 내 눈앞에 보이는 색이 나에게는 어떤 경험으로 저장되어 있을지 천천히 꺼내 봅니다. 친구들과 같이 해보면 같은 색을 보고도 얼마나 다양한 생각이 나올 수 있는지 느끼게 될 것입니다.

2. 네 단어로 글짓기

네 개의 단어를 가지고 즉흥적으로 글을 지어 보는 것입니다. 소설이든 수필이든 일기든 글의 종류는 상관이 없습니다. 3분 정도만 고민하고 곧바로 어떤 이야기든지 써내려 가보는 것입니다. A4용지 절반 정도를 채운다는 생각으로 짧은 시간 동안 써야 합니다.

사실 제시된 4개의 단어는 무작위로 선정된 것이라 서로 연관성이 전혀 없습니다. 하지만 조금만 생각해 보고 내 경험을 끄집어내다 보면 그 단어들 사이에 있는 연관성을 찾아낼 수 있습니다. 신기한 것은 사람마다 그 연관성이 모두 다르다는 것입니다.

이렇게 4개 단어로 글짓기를 해보면 나에게도 이야기를 풀어낼 수 있는 능력이 있다는 것을 알게 됩니다. 어떻게 보면 소설을 쓰는 것도 꼭 남의 얘기가 아닌 것이지요. 평소 미처 생각지 못한 내 경험이 불쑥 튀어나올 수도 있습니다. 다음에 제시된 단어 말고도 스스로 주제를 만들어 써봐도 좋습니다.

▪ 예시 단어 : 지하철 / 나무 / 로션 / 눈물

▪ 예시 단어 : 양초 / 책 / 신호등 / 메모지

3. 나만의 언어사전 만들기

다들 국어사전을 본 적이 있지요? 요즘엔 사전도 인터넷으로 찾아 보는 세상이라 종이 사전을 직접 볼 일이 예전보다 줄었지만 사전은 늘 유용하게 쓰이지요. 그 사전을 내가 직접 만들어 본다면 어떨까요?

예를 들어 '지갑'이라는 단어를 가지고 나만의 사전을 만든다고 해 봅시다. 원래 지갑의 사전적 의미는 돈을 넣는 자그마한 물건이지요. 하지만 내가 경험하고 생각한 지갑을 다시 정리해 보는 것입니다. 나의 지갑을 떠올려 봤을 때, 늘 돈이 별로 없어서 지갑이 배고픈 것이 아닐까 하는 생각이 들 수도 있겠지요. 그럼 나에게 있어서 지갑은 '배고픔', '다이어트'가 될 수도 있습니다. 그것을 사전 형식으로 잘 정리해서 써보는 것이지요. 활용 예문도 함께 만들어 써보는 것도 좋습니다.

▪ 예시

지갑[명사] : 늘 마음껏 먹지 못해 배가 고픈 상태를 말한다. 비슷한 단어로는 다이어트, 굶기가 있다.

(활용 예문 : 오늘 점심을 못 먹어서 완전 지갑 상태야.)

이런 활동들을 하면서 우리는 느끼게 됩니다. 하나의 물건에도 참 많은 생각들이 있을 수 있다는 것을요. 그리고 나에게도 참 많은 경험이 있었다는 것도 느낄 수 있습니다. 남다른 생각이라는 것, 창의적인 생각이라는 것은 별것이 아닙니다. 나만의 경험을 솔직하게 끄집어낼 수만 있으면 그것이 바로 남들과 다른 독창적인 생각, 창의적인 생각이 됩니다. 자, 오늘부터는 하나의 물건을 보고도 여러 가지 생각을 떠올리는 연습을 해봅시다!

우리는

매일매일

수없이 많은

경험을 합니다.

여러분도 시간을 달리고 있지 않나요?

내일만큼 오늘이 중요한 이유

어제 하루를 어떻게 보냈나요? 아침에 일어나 밤에 잠들기 전까지 여러분이 한 일들을 떠올려 봅시다. 학교, 학원에서 하루의 대부분을 보냈거나 친구와 함께 하루를 보낸 이들도 있겠지요. 자, 이젠 어제를 장소나 시간으로 떠올리지 말고 '무엇'을 위해 보낸 시간이었는지 다시 생각해 봅시다.

좀 더 구체적으로 이야기해 볼까요? 오늘 한 일이 나중을 위해 준비하는 시간이었는지, 지금을 위해 쓴 시간이었는지 말이에요. 오늘 하루 내가 한 일들을 자세하게 종이에 적어 보고 그 옆에 언제를 위해 쓴 시간이었는지 표시해 보는 겁니다. 예를 들어 다가올 중간고사를 위해 공부를 한 시간은 '나중'이라고 표시하고, 밥을 먹거나 기분 전환을 위해서 음악을 들은 시간들은 '지금'이라고 표시하는 것이지요.

그렇게 하루를 되돌아보니 어떤가요? 지금을 위한 시간, 나중을 위한 시간 중에 어떤 게 더 많았나요? 대부분은 나중을 위해 쓴 시간이 많다는 것을 느낄 수 있을 겁니다. 사실 학창시절은 나중을 위해 준비하는 시간이기도 합니다. 학교에서 새로운 것들을 배우고, 자신의 꿈을 위해 여러 가지를 준비하는 시간인 것이지요. 하지만 나중을 위해 시간을 쓰는 방법이 꼭 미리 예습하고, 필요한 것들을 준비하는 것만 있는 것은 아닙니다. '지금'이라는 시간을 잘 쓸 줄 아는 것도 '나중'을 위한 준비입니다.

우리가 연필을 처음 잡았던 순간을 생각해 봅시다. 대부분 유치원 무렵에 처음으로 글씨를 써봤을 거예요. 기억이 생생하진 않지만 그 시절 연필을 처음 잡은 우리는 연필로 무언가를 쓰는 것이 참 어색했습니다. 누구나 처음으로 하는 것은 어려우니까요. 하지만 자주 연필을 잡고, 꾸준히 무언가를 쓰면서 우리는 연필로 쓰는 것에 익숙해졌습니다. 이제는 연필로 글씨를 쓰든 그림을 그리든 어색함을 느끼지 못하지요. 설령 글씨를 예쁘게 쓰지 못하더라도 연필을 잡는 것 자체가 어색한 친구는 별로 없을 거예요.

'지금'을 위해 시간을 쓰는 것도 마찬가지입니다. 이것 역시 꾸준한 연습이 필요합니다. 미리 습관을 들여놓지 않으면 나중에 정말 필요할 때 어려움에 빠질 수 있습니다. 마치 시험 보는 날 연필을 처음 잡아 보는 사람처럼 말이지요.

올해의 봄은 다시 오지 않는다

'지금'을 위해 시간을 쓴다는 것은 무엇이고, 또 왜 필요한 것일까요? 사실 청소년 친구들뿐만 아니라 많은 사람들이 지금을 위한 시간보다는 나중을 위한 시간을 더 많이 보내고 있습니다. 나중을 위해 공부하고, 일을 하고, 돈을 모으고 있지요. 그것이 더 안정적이고 효율적이라고 생각하기 때문입니다. 하지만 어떤 것들은 지금 이 순간 내가 바라보고 느끼고 기억해 두지 않으면 절대 채울 수 없는 것들이 있습니다.

예전 일본의 철도 광고에 이런 것이 있었습니다. 학생으로 보이는 소년이 푸른 하늘 아래 모래사장에 누워 있습니다. 그 위에는 이런 카피 문구가 있었지요.

자신의 방에서, 인생을 생각할 수 있을까?

자신의 인생을 고민하기 위해서는 방 안에만 있어서는 안 된다는 것이었죠. 지금 당장 기차를 타고 혼자 여행을 가보는 건 어떠냐는 얘기입니다. 비슷한 내용으로 이런 광고도 있었습니다. 자연경관을 배경으로 끝없이 펼쳐진 기차선로가 보이고 그 위에는 이런 카피 문구가 있었지요.

학교를 졸업하면, 봄은 소리 없이 가버리게 된다

여러분이 올해 느끼는 봄, 여름, 가을, 겨울은 다시는 돌아오지 않을 시간입니다. 초등학교 때 꼭 배워야 할 게 있고, 중학교 때 꼭 배워야 할 것이 있듯이 모든 시간에는 그때에만 할 수 있고 느낄 수 있는 것들이 있습니다. 미래를 위해서만 시간을 쓴다는 것은 지금을 살지 못하고 내 눈앞에 보이는 것들을 제대로 보지 않는다는 것이지요.

하루에도 나중을 위해서 하는 일과 지금을 위해서 하는 일을 균형 있게 해야 합니다. 일상에 파묻히다 보면 쉽지 않은 일이지만 그래도 의식적으로 '지금'을 느껴 보려고 노력해야 합니다. 학교에서도 쉬는 시간, 점심시간에 바깥 공기를 쐬며 지금 내가 살고 있는 이 시간을 내 피부로 느껴 보는 건 어떨까요. 하굣길이나 학원에 갈 때도 날씨가 좋은 날은 평소에 다니지 않았던 길로 가보는 겁니다. 주말 중 하루는 공원이나 산책로를 걸어 봅시다. 목적지 없이 그냥 발길이 닿는 대로 가보는 것이지요.

지금을 누리는 사람에게는 시간이 천천히 흘러갑니다. 덩달아 마음도 차분해집니다. 조금 전까지 내가 고민하고 신경 쓰던 문제들이 조금은 작게 보이기도 합니다. 매일 보던 길가의 나무나 꽃들도 조금 다르게 보입니다. 예전엔 휙휙 스치듯 보던 것들이 자세히 보이기 시작하면서 이런저런 생각들이 떠오릅니다. 같은 것을 다르게 보는 것은 '지금'을 살며 조금은 느린 속도로 사물을 관찰할 때 생깁니다. 우리의 머리와 마음이 스펀지처럼 그것을 충분히 흡수할 수 있도록 여유를 주는 것이지요. 평소에 사물을 그렇게 보는 친구들은 표현하는 내용도 남들과 다릅니다. 더 깊은 생각과 감상을 보여줍니다. 창의력이라는 것도 그렇게 조금씩 커나가는 것이지요.

우리는 매일 학교에 가야 하고, 정해진 일정들이 있습니다. 하루 24시간을 모두 '지금'을 누리며 살 수는 없습니다. 시간을 맞춰서 해야 할 일들도 많고 그것들도 분명 중요한 일입니다. 다만 하루를 전부 지금이 아닌 나중을 위해 살면 안 된다는 것이지요. 나중을 위한 삶과 지금을 위한 삶, 빠르게 사는 삶과 느리게 사는 삶이 균형 있게 배분되어야 합니다.

의식적으로
'지금'을 느껴 보려고
노력해야 합니다.

생각의 담을 무너뜨려 봅시다

세상은 학교처럼 구분되어 있지 않다

지금 여러분이 학교에서 배우는 과목은 몇 개인가요? 학년마다, 학교마다 조금씩 차이가 있겠지만 대부분 10과목 이상을 배우고 있지요. 한 교실에서 선생님 한 분이 모든 과목을 가르쳐 주실 때가 있었지만, 학년이 올라갈수록 해당 과목만 가르쳐 주는 선생님들에게 각각 수업을 듣게 됩니다. 점점 세부적으로 과목이 나뉘는 것이지요. 과연 우리가 배우는 이 학문들은 모두 별개일까요? 수학 문제를 잘 풀기 위해서는 국어 실력도 좋아야 한다는 얘기가 있듯이 모든 과목은 서로서로 연관성을 가지고 있는 것일까요?

사실 우리가 살고 있는 세상은 모든 것이 뒤섞여 있는 곳입니다. 우리가 국어, 수학, 영어처럼 과목을 나누듯이 구분되어 있지 않다는 것이지요. 글을 쓰는 사람이라고 해서 숫자를 몰라서는 안 되고, 영어를 통역하는 사람도 국어 능력이 좋아야 합니다. 우리가 학교에서 과목을 나눠서 배우는 것은 단지 각 학문을 더 체계적으로 쉽게 이해하기 위해서입니다. 허나 새로운 생각을 하기 위해서는 세상을 크고 넓게 볼 줄 아는 시선도 필요합니다. 나무 한 그루를 자세히 볼 줄도 알고, 숲을 전체적으로 볼 줄도 알아야 한다는 것이지요.

밤하늘에 반짝반짝 빛나는 별을 봤다고 해보지요. 글을 쓰는 사람은 그 감상을 글로 남길 것이고, 그림을 그리는 사람은 그림으로 남기겠지요. 무용을 하는 사람은 자신이 느낀 별을 몸으로 표현하려고 할 것입니다. 천문학을 배운 사람은 별이 빛나는 이유와 우주를 함께 생각할 것입니다. 이렇게 우리는 우리 눈으로 본 것을 나에게 편한 '도구'를 이용해서 표현합니다. 결국 어떤 방식으로 표현했느냐만 다를 뿐이지, 우리는 모두 같은 것을 보고 각자의 도구를 통해서 표현하는 것입니다.

자, 지금부터 같이 연습해 봅시다. 컴퓨터나 스마트폰으로 꽃 사진을 찾아보거나, 실제로 꽃을 사와서 내 눈앞에 둬봅시다. 어떤 꽃이든 상관없습니다. 꼭 싱싱한 꽃일 필요도 없고요. 종이 한 장과 연필을 앞에 두고 3분 정도 꽃을 자세하게 바라봅니다. 마치 꽃을 처음으로 본 사람처럼 말이에요.

내 눈 앞에 꽃을 자세히 관찰하고 김춘수 시인의 '꽃'처럼 이름을 지어 준다는 생각을 해봅시다. 그 다음에 내 느낌을 글로 적어 보고, 그림으로도 그려 보는 겁니다. 내 머리와 가슴에 있는 느낌을 여러 도구로 표현해 보는 것이지요. 꽃의 모습을 자세히 묘사해 보고, 그때의 내 느낌을 글과 그림으로 표현해 보는 것입니다. 꽃이 앞에 있다면 직접 만져 봐도 좋겠네요. 꽃잎, 잎과 줄기의 감촉을 직접 느껴 봅니다. 그렇게 해보면 생각보다 내가 꽃을 제대로 본 적이 없다는 것을 알게 될 것입니다. 꽃에 대한 새로운 느낌과 나의 경험이 뒤섞여서 나만의 감상이 나오는 것이지요. 그것을 글로 표현할 때와 그림으로 표현할 때를 비교해 보기도 합니다. 그러면 내가 느낀 감상은 글로 표현할 때 더 효과적인지, 그림으로 그릴 때 더 효과적인지 알 수 있겠지요.

하나만 잘하는 전문가는 없다

요즘은 흔히 '전문가의 시대'라고 불리고 있습니다. 많은 이들이 한 가지 분야를 깊이 있게 연구하고 익혀서 그 분야의 전문가가 되는 것을 선망하지요. 분명 전문가가 되는 것은 좋은 것이지만, 그 방법이 꼭 그 하나의 분야만 붙잡고 있는 것은 아닙니다. 오히려 더 다양한 분야의 경험이 있어야 나의 분야에서 더욱 빛을 발할 수 있습니다.

많은 친구들이 상급학교에 올라갈수록 자기 분야에만 시간을 투자합니다. 글을 쓰는 친구는 그림에 관심이 없고, 그림을 그리는 친구는 글에 관심이 없는 것처럼 말입니다. 하지만 더 다양하고 독창적인 생각을 하려면 분야의 한계를 스스로 긋지 말아야 합니다. 하나의 사물을 보고도 여러 도구를 이용해 만져 보고 느껴 보고 표현도 해야 합니다. 이렇게 생각의 담을 허무는 습관은 공부하는 데도 도움을 줍니다. 우리가 과목으로 나눠서 배우는 것 중 상당수는 서로 연관성이 있기 때문입니다. 과목을 나눈 것은 우리가 더 체계적으로 이해하기 위해서일 뿐입니다. 과목의 구분을 뛰어넘어 서로의 연관성을 파악하면 공부는 더 흥미로워지고 차원이 깊어집니다. 세상의 모든 일은 각각 흘러가는 것이 아니라, 하나의 흐름으로 흘러가기 때문이지요.

예를 들어 볼까요? 서양 중세 시대 성당의 뾰족한 첨탑은 당시 기독교를 믿던 서양인들이 하나님은 하늘 위에 계시다는 것을 믿었기 때문이라고 합니다. 다시 말해 뾰족한 첨탑은 조금이라도 하나님에게 가까이 가고 싶은 중세 서양인들의 마음을 담은 건축술이라는 것이지요. 그런데 왜 그들은 하나님이 하늘 위에 있다고 굳건히 믿었을까요? 그것은 당시 중세 서양을 지배한 아리스토텔레스의 우주관 때문입니다.

우리는 아마 중세 시대 성당의 건축술은 역사 시간에 배우고, 아리스토텔레스의 우주관은 과학 시간에 배웠을 것입니다. 그렇게 구분해 배운다고 해서 이해를 못하는 것은 아니지만, 조금 더 본질을 잘 이해하려면 이 내용들을 함께 봐야 하지요. 그리고 함께 이해하게 되면 배경과 큰 흐름을 알게 되어 흥미를 더하고, 기억의 영역에서도 큰 도움이 됩니다. 실제로 과목이 다르면 함께 연관된 내용인지 몰라 따로 따로 공부하게 되고, 단편적인 기억으로 남아 폭넓게 이해하지 못한 경험들이 많이 있을 겁니다.

분야의 한계를 긋지 말고 전체의 모습을 함께 보는 생각 습관이 왜 공부에도 도움이 되는지 이제 이해하겠지요? 나무와 숲을 나누지 말고 한꺼번에 볼 수 있도록 노력해 봅시다.

사실 우리가 살고 있는 세상은
모든 것이 뒤섞여 있는 곳입니다.

감동받는 것도 연습이 필요합니다

감동이 감동을 낳는다

다들 독후감을 써본 적이 있지요? 아마도 자발적으로 쓰기보다는 숙제이기 때문에 한 경우가 더 많을 거예요. 어른들보다도 더 바쁜 하루를 보내는 청소년 친구들은 일상 속에서 책을 한 권 읽는 것도 쉽지 않고, 책을 읽은 후에 나의 느낌을 정리해서 쓴다는 것은 더 쉽지 않은 일이지요. 많은 친구들이 책과 글쓰기를 어렵게 느끼는 이유이기도 합니다.

독후감이라는 것은 말 그대로 '책을 읽고 난 후 감상을 쓰는 것'인데 막상 책을 읽고 나서 감상을 쓰려고 하면 뭘 써야 하는지 막막해지는 경험을 한 번쯤 해봤을 것입니다. 그러다 보면 무의식적으로 책의 줄거리를 쓰게 되고, 나의 감상은 마지막에 한두 줄 정도로 적게 됩니다. 그것은 진정한 의미의 독후감이 아닙니다. 책을 읽고 나서 내가 감동받고 느낀 것을 쓴 게 아니니까요.

우리가 책을 읽든, 그림을 보든, 영화를 보든 그 어떤 것을 보고 감상을 표현한다는 것은 내 안에 있는 생각과 느낌을 솔직하게 끄집어낸다는 것을 말합니다. 그러기 위해서는 일단 우리는 '감동'을 받아야 합니다. 감동 없이는 아무런 감상도 있을 수 없기 때문이지요. 어떤 책을 읽고 너무 슬퍼서 눈물이 났다든지, 재미있는 영화를 보고 배꼽 빠지게 웃는 것 같은 반응이 있어야 하는 것이지요.

그것이 슬픔이든 기쁨이든 내 마음속에 무언가 강렬한 느낌으로 들어오면, 즉 감동을 받게 되면 우리는 모두 예술가가 될 수 있습니다. 내가 느낀 것을 솔직하게 표현만 하면 되니까요. 그렇게 감동을 받고 쓰는 독후감은 저절로 잘 써질 수밖에 없습니다. 내가 느낀 것을 자세히 풀어서 쓰기만 해도 어느새 한 페이지를 채울 수 있을 테니까요. 글을 쓰는 게 어렵다고 느낄 새가 없을 것입니다.

그렇게 나의 감동을 솔직하게 표현한 것은 다른 사람들에게도 그대로 전달되는 것 같습니다. 한 사람의 솔직한 감상을 읽으면 그 감동을 같이 느낄 수 있기 때문이지요. 감동만 받을 수 있다면 다른 사람들에게 그 감동을 전하는 것은 크게 어려운 문제가 아닙니다. 오히려 표현하는 것보다 감동받는 것이 더 어렵다는 것입니다.

수업 시간에 청소년들에게 주제를 내주고 자신의 생각을 써보는 시간을 가지면 이것을 어려워하는 친구들을 꽤 많이 봤습니다. 내 생각을 표현하고, 그것을 글로 쓰는 것을 어려워하는 것이지요. 사실 자신이 느낀 '감동'을 중심으로 솔직하게 표현하면 되는데, 그 방법을 모르다 보니 내가 아는 지식이나 상식으로 내용을 채울 때가 많습니다. 그것은 내가 느낀 것이 아니라 내가 알고 있는 것이지요. 그런 내용으로는 다른 사람들에게 감동을 줄 수 없는 건 당연하겠지요.

감동받는 것도 연습이 필요하다

아직 내가 감동받는 것에 서툴다는 것. 이것은 좌절하거나 안타까워할 일이 아닙니다. 수학이나 영어 공부에도 기초 공부가 필요하지요. 덧셈, 뺄셈, 곱셈, 나눗셈을 알아야 방정식도 풀 수 있고, 기본적인 영어 단어를 알아야 영어를 읽을 수도 있습니다. 이처럼 나를 표현하는 데도 기초 공부가 필요합니다. 그중 하나가 감동받는 연습입니다.

감동받는 연습은 나에 대한 공부에만 필요한 것이 아니라 우리가 살아가면서 꼭 필요한 것입니다. 사람에게는 여러 가지 감정이 있습니다. 흔히 희로애락(기쁨, 노여움, 슬픔, 즐거움)이라고 말하는 감정들이 있는 것이지요. 감동이라는 것은 이런 감정들이 움직일 때 생겨납니다. 슬픈 장면을 보고 눈물을 흘리고, 즐거운 장면을 보며 웃는 것처럼 말이지요. 평소에 감동을 잘 느끼지 못한 사람은 자신의 감정에 서투른 사람이기도 합니다.

우리의 뇌가 좌뇌, 우뇌로 나뉜다는 말을 들어봤을 겁니다. 좌뇌, 우뇌를 모두 활발하게 사용하는 사람이 더 좋은 능력을 발휘한다는 것도 들었을 테고요. 감정도 마찬가지입니다. 우리가 세상을 잘 살아가기 위해서는 감정을 아껴주고 보듬어 주어야 합니다. 녹이 슬지 않도록 자주 닦아 주고 기름칠도 해주어야 하는 것이지요. 그렇게 자신의 감정을 소중히 하는 사람은 같은 것을 보고도 더 많이 감동받을 수 있고, 다른 사람들보다 더 잘 표현할 수 있는 것입니다.

감정을 보듬어 주기 위해서 어떻게 해야 할까요? 바쁜 일상에서도 시간을 쪼개서 많은 작품을 보는 것이 좋습니다. 소설이나 영화가 아주 좋은 대상이 되지요. 사실 많은 친구들이 공부에 관련된 책 말고는 읽지 않으려 하고, 읽을 시간도 없다는 것을 잘 알고 있습니다. 그래도 일주일 하루, 한 시간이라도 시간을 내어서 우리의 감정에 촉촉한 물을 줄 작품들을 접해 봐야 합니다. 당장은 나한테 필요하지 않은 것 같더라도 그렇게 쌓인 감정들은 나중에 나만의 독창적인 표현에 정말 큰 힘이 되지요.

소설이나 영화와 같은 작품을 볼 때는 스토리보다도 등장인물의 상황에 더 집중해 보세요. '만약 내가 저 주인공이라면 마음이 어떨까?' '만약 내가 저런 상황에 처했다면 어떻게 행동했을까?' '저 사람은 왜 꼭 저렇게 말을 하는 걸까?'처럼 등장인물들의 대화와 상황에 더 집중해서 책을 읽고 영화를 보면 더 많은 감정을 느낄 수가 있습니다. 그렇게 감정 이입을 하다 보면 내 안에 수많은 감정들이 소용돌이를 치면서 감동이 올라오곤 합니다. 그렇게 느낀 것을 친구와 대화하며 나누거나, 집에서 조용히 노트에 정리해 보면 더욱 좋지요. 대화를 나누거나 기록해 두면 그 감동이 더 오랫동안 기억될 수 있으니까요.

중요한 것은 소설, 영화를 보는 것을 숙제처럼 하지 않는 것입니다. 여러분은 현재 여러분의 나이에 맞는 감성을 갖고 있습니다. 나의 감성에 맞게 작품들을 골라가며 즐겁게 보는 것이 중요합니다. 그러다 보면 작품들을 보면서 감동을 받는 게 용돈을 받거나 사고 싶은 물건을 사는 것만큼이나 나에게 힘과 위로를 준다는 것을 느끼게 될 것입니다. 표현 능력이 좋아지는 것은 덤으로 따라오는 것이지요.

남들과 다른 독창적인 표현을 한다는 것, 창의적인 사람이 된다는 것. 모두 내가 본 것을 어떻게 저장하느냐에 달려 있습니다. 같은 것을 보고 감동을 더 많이 한 사람은 남들에게도 감동을 줄 수 있습니다. 오늘부터 우리의 눈과 귀를 더 활짝 열어 봅시다.

우리는 '감동'을 받아야 합니다.

집, 학교, 학원…

여가 시간도 없는데 이 딱딱한 하루에서

어떻게 남다르고 뛰어난 표현력이 길러질까요?

이제 일상을 두근거림으로 만드는

창의 활동을 소개합니다.

일상을 내 것으로 저장하는 방법

되도록 직접 보고, 만지고, 느끼세요

우리가 TV를 켜는 이유

TV는 참 재미있습니다. 요즘엔 채널도 많고 재미있는 프로그램도 많아서 뭘 봐야 할지 고민을 할 때도 많지요. 아무리 바쁜 친구라 해도 저녁밥을 먹은 후 소파에 앉아서 TV를 보거나 늦잠을 잔 주말 오후엔 TV부터 틀고 하루를 시작해 본 적은 다 있을 겁니다. 재미있는 프로그램이 방영된 다음 날이면 하루 종일 인터넷의 인기 검색어에도 오르고, 친구들과의 대화에서도 빠질 수 없는 이야기가 되지요. 이제 TV는 우리의 삶에서 빠질 수 없는 존재가 되었습니다.

학교, 학원, 집에서 주로 생활하는 청소년 친구들에게 TV는 더 큰 존재입니다. 언제든지 리모컨만 켜면 손쉽게 재미있는 것들을 볼 수 있으니까요. 쉬는 시간을 가장 편하게 보내는 방법이기도 합니다. 리얼리티 프로그램이 많아진 요즘에는 TV를 통해서 많은 것을 대리 경험하기도 합니다. 평소에 패션에 관심이 많은 친구는 패션 채널을 통해 아직 경험하지 못한 패션계의 모습을 알게 됩니다. 여행을 좋아하는 친구는 여행 프로그램을 보면서 가고 싶은 곳을 경험하게 됩니다. 하지만 결국 TV는 모니터 속 세상입니다. 우리는 그것을 눈으로밖에 볼 수 없지요. 직접 경험하는 것이 아니라 간접 경험을 한다는 것입니다.

만약에 갈증이 너무 나서 물을 마시고 싶다고 해봅시다. 그런데 내가 직접 물을 마시는 게 아니라 다른 사람이 시원하게 물을 마시는 것을 본다고 해서 우리의 갈증이 해소될까요? 노래 부르기를 좋아하는 친구가 다른 사람이 노래 부르는 것을 보고 대리만족을 느낄 수는 있겠지만, 본인이 직접 노래를 불렀을 때만큼 만족할 수 있을까요? TV를 통해 경험하는 세상은 간접 경험의 세상입니다. TV를 보는 것이 나쁜 게 아니라, 세상에는 TV보다도 더 재미있는 경험이 더 많다는 것을 말해 주고 싶습니다. 방법은 아주 간단합니다. 직접 내 손으로 만지고 느끼고 경험하는 것이지요.

그런데 왜 우리는 TV를 계속 보는 걸까요? 모든 사람에게 주어진 시간은 똑같습니다. 하루 동안 쓸 수 있는 시간이 똑같듯 쓸 수 있는 에너지의 양도 한정되어 있습니다. 몸을 움직여서 무언가를 했다면, 가만히 앉아서 쉬는 시간도 필요한 것이지요. 하루의 대부분을 학교와 학원에서 보내는 청소년 친구들은 하루 동안 쓸 수 있는 에너지를 바깥에서 모두 쓰고 돌아왔습니다. 그래서 집에서는 무언가 적극적인 활동들을 하기 힘들지요. 그 결과 가장 손쉽게 조작할 수 있는 리모컨을 만지게 되는 것이지요.

또 날마다 새로운 기술들이 개발되면서 3D TV, 스마트폰까지 우리의 눈을 즐겁게 해주는 것들이 늘어가고 있습니다. 볼거리가 많아졌다는 것도 우리가 TV에서 눈을 뗄 수 없는 이유이지요. 이런 기술이 아직 발전되지 않았던 옛날에는 지금처럼 눈이 즐겁지는 못했지만, 대신 손으로 만지고 피부로 느끼는 즐거움이 더 컸습니다. 하지만 현대는 눈으로 즐기는 것이 체험을 압도합니다. 프랑스의 기 드보르라는 사람은 이 같은 현대사회를 '스펙터클의 사회'라고 불렀습니다. 우리가 〈트랜스포머〉와 같은 영화를 보고 "참, 스펙터클한 영화였다"라고 말하는 의미의 '스펙터클'이지요. 쉴 새 없이 우리의 눈을 집중시키는, 풍성한 볼거리들 말입니다. 기 드보르는 스펙터클의 사회를 이렇게 설명합니다.

> 스펙터클은, 사람들로 하여금 다양한 전문 매체들에 의존해서 세계를 바라보게 하는 경향으로서(세계는 더 이상 직접 파악될 수 없다), 특권적인 인간 감각을 당연히 시각에서 찾는데, 다른 시대에 그 특권적 인간 감각은 촉각이었다.
>
> 강신주, 《철학이 필요한 시간》, 사계절, 2011, p.249

이 말을 풀어서 설명하자면, 현대 사람들은 자신이 가진 여러 감각 중에서 '보는 것(시각)'을 통해서만 이 세상을 알게 되는데, 예전에는 원래 만지고 느끼는 '촉각'으로 세상을 배웠다는 얘기이지요. 우리는 이러한 '스펙터클의 사회'에 살고 있기 때문에 TV와 같은 '보는 매체'에 계속 끌리게 된다는 것입니다.

TV보다 더 재미있는 것들

TV를 꼭 보지 말아야 하는 것은 아닙니다. TV를 통해서도 좋은 것들을 배울 기회가 충분히 있으니까요. 다만 우리가 TV를 통해서 경험하는 것은 내가 직접 경험한 것이 아니라는 것을 알아야 합니다. 그런 생각을 갖고 TV를 본다면 크게 문제될 일은 없습니다. 그런 다음 직접 경험의 영역을 의도적으로 더 넓혀야 합니다. 우리의 경험에서 나만의 생각과 감동, 표현이 나오기 때문이지요. 그럼 간접 경험이 아닌 직접 경험을 하기 위해서는 어떻게 해야 할까요? 앞서 말한 '스펙터클의 사회'의 얘기에 따르면, 사람은 원래 촉각을 통해 세상을 배웠다고 합니다. 그렇다면 우리는 어떻게 촉각으로 세상을 배울 수 있는 것일까요?

소설가 김영하 작가는 모든 사람은 예술가적인 자아를 가지고 태어난다고 말했습니다. 어린아이들을 보면 모두 그림을 그리고, 노래 부르고, 연기를 한다는 것이지요. 하지만 학교에 가고, 사회에 나가게 되면서 그런 예술가적 기질이 조금씩 사라진다고 말합니다. 여러분 중에는 미술 시간에 과제로 그린 그림이 생각보다 재미있었던 친구도 있을 것입니다. 장기자랑 시간에 친구들 앞에서 노래와 춤을 추는 것이 정말 짜릿했던 친구도 있을 거고요. 이렇게 우리는 저마다 예술가적 기질을 품고 있습니다. 다만 아직 표현할 기회를 찾지 못했을 뿐입니다.

아무리 바쁘더라도 시간을 내어 내 안에 있는 예술가를 끄집어내는 것이 중요합니다. 누군가가 시켜서 하는 것이 아니라, 내 손으로 직접 글을 쓰고 그림을 그리는 예술을 해봐야 합니다. 그렇게 할 때 우리는 세상을 내 눈으로 직접 보고 느끼고 배울 수 있습니다. TV를 통해서 간접 경험하는 것이 아니라 내 손으로 직접 만지면서 세상을 경험하는 것이지요.

나의 생각 역시 마찬가지입니다. 누군가가 쉽게 풀어서 이야기해 주는 것만 들어서는 나만의 새로운 생각을 할 수 없습니다. 내가 직접 보고 만져서 느낀 것을 표현했을 때 나만의 생각이 나오고, 창의적인 생각이 되는 것입니다. 글쓰기가 늘 힘들었던 친구, 남들 앞에서 말하는 게 어려운 친구, 나의 주관이 부족하다고 생각하는 친구들의 해결책도 여기에 있습니다. 여러분이 재능이 없어서 그런 것이 아닙니다. 아직 내가 스스로 세상을 경험해 보지 않았기 때문에 힘든 것이지요.

따로 학원을 다닐 것도 없이 누구나 종이와 펜만 있으면 할 수 있는 것들이 많습니다. 오늘부터 우리의 손으로 세상을 직접 써보고 그려봅시다. 거기서 피어나는 나만의 생각과 감상을 느껴 봅시다. 이제부터 직접 해볼 수 있는 재미있는 활동들을 소개할 테니 여러분도 꼭 함께해 주길 바랄게요.

결국 TV는

모니터 속

세상입니다.

'하루 10분 글쓰기'로 일상을 소화시키기

생각이 뚱뚱해지다

우리는 하루 동안 정말 많은 일을 겪습니다. 아침에 학교를 갈 때, 수업을 들을 때, 친구와 얘기를 할 때, 쉬는 시간과 점심시간 동안에, 하교하는 길에, 학원에서 공부할 때, 집에 돌아와서 늦은 저녁을 먹을 때, 씻고 잠드는 순간까지 말입니다. 매일 비슷비슷한 일들이 반복되는 것 같지만 사실 매일매일 다른 일들이 벌어지지요. 그 일을 겪은 우리의 마음속과 머릿속은 더 복잡해집니다. 오늘 배운 수학공식이 통

무슨 얘기인지 이해가 안 되고, 아까 친구랑 나눈 말 때문에 온종일 신경이 쓰이는 것처럼 말입니다.

하루 동안 우리의 머리와 마음속에는 정말 수없이 많은 것들이 들어옵니다. 먹는 것으로 비유하자면 하루 종일 쉬지 않고 무언가를 먹는 것과 같죠. 그렇게 하루 종일 먹기만 했다면 가장 중요한 것이 무엇일까요? 바로 소화겠지요? 많이 먹은 만큼 소화도 잘 시켜야 체하지 않을 테니까요. 하루 종일 먹은 것 중에는 우리 몸에 좋은 것도 있고, 해로운 것도 있을 것입니다. 몸에 좋은 것은 잘 흡수하고, 해로운 것은 밖으로 배출해야 건강하게 소화한 것일 겁니다.

우리의 하루를 잘 소화시키는 방법은 무엇이 있을까요? 하루 중 잊고 싶지 않은 순간에 사진을 찍는 것도 좋은 방법입니다. 요즘엔 핸드폰에도 좋은 카메라가 장착되어 있어서 필요한 순간에는 손쉽게 사진을 찍을 수 있으니까요. 이태준 선생님은 〈문장강화〉라는 글쓰기 책에서 하루를 정리하는 가장 좋은 방법으로 일기를 꼽았습니다. 덧붙여 사진이라는 것이 좋은 수단이긴 하나, 우리가 느끼는 감정과 생각들은 눈에 보이지 않는데 그것들을 어떻게 렌즈에 담을 수 있냐는 말씀도 하셨지요. 그러니 기왕이면 사진과 글을 모두 남기면 더욱 좋지 않을까요.

다들 일기 하면 방학 숙제를 떠올리거나 귀찮은 일로 생각할 때가 많습니다. 무엇이든 나의 의지가 아닌 다른 사람의 의지로 하는 것은 흥미가 생기기 어렵습니다. 그러니 꼭 '일기'라고 칭하지 않아도 좋습니다. 그저 매일매일 머리와 마음속에 들어온 것을 정리하는 '글쓰기'를 해보자는 것이니까요. 하루 10분 정도만 투자하면 충분합니다. 짧은 시간 동안 오늘 배운 것들을 나름대로 정리해서 좋은 것은 흡수하고 나쁜 것은 배출하는 것이지요. 자발적으로 일기를 써본 친구들은 알겠지만 누군가에게 검사를 받거나 보여줄 것이 아니기에 글은 생각보다 술술 써집니다.

매일 10분씩, 한 장 글쓰기

매일매일 10분씩 글을 쓰게 되면 여러 가지 좋은 점들이 있습니다. 일단 복잡했던 머리와 심란했던 마음이 조금 누그러지게 됩니다. 하루 중에 우리가 차분하게 생각을 정리할 수 있는 시간이 얼마나 있을까요? 10분은 긴 시간이 아니지만 일상생활 중에서 10분 동안 생각을 정리하기란 꽤 어려운 일입니다. 10분 동안 글을 쓰면서 하루를 돌이켜보면 어렵게 느껴진 것도 조금 다르게 보이고, 화가 났던 감정도 조금은 수그러들기도 합니다. 잊고 싶지 않은 기쁜 일이 있었다면 그것을 글로 적음으로써 마음속에 더 깊이 새겨지게 됩니다.

매일 10분씩 글을 쓰게 되면 글 쓰는 실력이 당연히 늘게 됩니다. 누구나 처음부터 글을 잘 쓴 사람은 없습니다. 글을 쓰고 싶다는 관심을 갖고 조금씩 꾸준히 쓰는 사람이 실력이 늘게 되는 것이지요. 글 말고도 모든 것들이 그렇습니다. 영어 단어를 외우는 것도, 자전거를 잘 타는 방법도, 악기를 잘 치는 방법도 모두 매일매일 조금씩 꾸준히 해보는 것이 제일 좋습니다. 일단 남에게 보여줄 글이 아니기 때문에 잘 써야 한다는 부담감이 없어져서 아주 자연스러운 글이 나옵니다. 바로 내 안에 있는 진심이 글로 나온다는 것이지요. 우리가 흔히 좋은 글이라고 말하는 것들은 대부분 글쓴이의 진심이 솔직하게 묻어나는 글입니다. 하지만 내 솔직한 마음을 다른 사람들에게 보여주기란 생각보다 쉽지 않은 일이기 때문에 다들 글쓰기를 어렵다고 생각하는 것이지요. 매일매일 10분씩 자기만 보는 글을 쓰면서 연습하다 보면 남에게 쓰는 글에 진심을 담는 것도 어렵지 않게 될 것입니다. 그 대상이 글쓰기 대회이든, 자기소개서이든 그 어떤 글이든 모두 마찬가지입니다.

또, 내가 '오늘' 보고 느낀 것을 글로 옮기기 때문에 세상을 바라보는 '나의 시각'을 키우게 됩니다. 앞서 창의력은 같은 것을 보고 나의 시각으로 표현하는 것이라고 설명했지만, 사실 '나의 시각'을 키우는 일이 그리 간단하지만은 않습니다. 특히 우리나라 청소년처럼 개인 시간이 턱없이 부족한 친구들은 나의 시각을 만들 시간적 여유가 없을 때도 많지요. 내가 아무리 하루 동안 많은 것을 보고 느꼈다 해도 그것을 정리하는 시간이 없다면 아무 소용이 없습니다. 그렇기 때문에 하루 10분 글쓰기는 효과적이기도 합니다. 하루 10분이라는 시간은 매우 소소하고 부담이 없는 시간입니다. 매일 더도 말고 딱 10분만 온전히 글쓰기를 한다면 독특한 나의 시각과 감성을 만드는 데에는 큰 도움이 됩니다.

하루를 정리하는 글이니 잠들기 전에 쓰는 것이 제일 좋겠지요. 잘 쓰기보다는 꾸준히 오랫동안 하는 것이 더 중요하기에 10분이라는 시간을 꼭 지키도록 합니다. 쓰고 싶은 내용이 더 있더라도 10분을 넘기지는 않도록 합니다. 노트나 일기장 어디에 쓰더라도 관계는 없지만, A4용지 1장에 쓰는 방법을 추천합니다. 이 하얀 종이 1장만 채우자는 생각으로 임하면 더 부담이 적어지니까요. 하루가 1장으로 정리되어 쌓여가는 것을 봐도 꽤 큰 성취감을 느낍니다. 그 대신 낱장 종이가 흩어지지 않게 파일을 하나 준비해 정리하는 게 좋습니다.

가까운 친구는 물론 가족도 보여주지 않는다는 생각으로 편하게 쓰는 것이 중요합니다. 오직 나만 볼 수 있는 글이지요. 때론 1장을 채우지 못할 때도 있을 것입니다. 하지만 쓰는 양은 크게 신경 쓰지 않아도 됩니다. 중요한 것은 내가 오늘 보고 느낀 것을 솔직하게 진심으로 쓰고 있느냐 입니다. 그렇게 진심을 적다 보면 스스로도 생각지 못한 표현들이 나오곤 합니다. 내가 썼다는 걸 믿기 어려운 글이 나오는 것이지요. 그렇게 조금씩 나의 감성이 풍요로워지고, 글 쓰는 실력이 날카로워지는 것입니다.

살찐 머리와 마음을 다이어트 하자!

다이어트에 관심이 있는 친구들 많지요? 요즘엔 여자뿐만 아니라 남자들도 다이어트에 관심이 많습니다. 그런데 다이어트를 해야 하는 것은 몸만이 아닙니다. 하루 종일 수없이 많은 것을 담아내고 있는 머리와 마음에도 다이어트가 필요합니다. 사람이 살을 찌는 이유는 많이 먹고 적게 움직이기 때문입니다. 그런데 더 먹고 덜 움직이는 것은 머리와 마음도 마찬가지입니다.

이것저것 알아야 할 것들도 많고, 기억해야 할 것들도 많고, 고민하고 걱정해야 할 것들도 많은 요즘, 청소년 친구들은 '생각의 비만' 상태라고 봐야겠지요. 머리와 마음에도 군살이 붙고 소화불량이 생기기 시작하는 것입니다. 많이 배우고 많이 고민하는 것이 나쁜 것은 아닙니다. 그만큼 움직이기만 하면 됩니다. 그 첫 방법으로 매일 10분씩 글쓰기, 오늘부터 실천해 보는 건 어떨까요?

일기가 아니어도 좋습니다.

매일매일

머리와 마음속에

들어온 것을

정리하는 '글쓰기'면 됩니다.

'낙서 같은 그림'으로 세상을 다시 보기

눈앞의 패턴을 지워내다

눈앞에 사물을 가장 자세히 보는 방법은 무엇일까요? 눈을 크게 뜨고 천천히 살펴볼 수도 있고, 돋보기를 이용해서 하나씩 뜯어 볼 수도 있겠지요. 여러분도 시험 삼아 내 주변에 있는 물건을 1분 동안 자세히 살펴보세요. 아마 평소에는 전혀 몰랐던 그 물건의 특징을 하나씩 발견하게 될 것입니다. 그러면 왜 우리는 그동안 그렇게 보지 못했을까요? 사람은 우리 눈에 들어오는 정보를 '패턴화'하려는 본능이 있다고 합니다. 어떤 물건을 처음 봤을 때, 우리 머릿속에 그 이미지와 정보를 저장해 놓고 나중에 다시 보게 되면 그 정보를 다시 꺼내서 기억해 내는 것이지요. 너무 눈 깜짝할 새에 일어나는 일이라 사람은 의식조차 하지 못합니다.

그렇게 패턴화된 정보 덕분에 우리는 매번 '이 물건은 뭐였지?'라는 생각을 안 해도 됩니다. 그 덕분에 일상생활이 좀 더 편해지는 것입니다. 하지만 그로 인해 우리의 생각은 아주 단순해지고 고정관념으로 가득 차게 됩니다. 눈앞에 보이는 샤프는 글씨를 쓸 때 필요한 물건, 가방은 책과 물건을 넣을 때 필요한 물건, 의자는 앉기 위해 쓰는 물건으로 단순하게 기억하기 때문이지요. 앞서 나만의 시각을 키우기 위해 같은 것을 다르게 보자고 말했습니다. '패턴화'된 기억으로 사물을 본다면 우리는 나만의 시각을 키우고 독창적인 생각을 할 수 있을까요? 절대로 쉽지 않을 것입니다. 많은 사람들이 새로운 아이디어에 대해 어려워하는 이유는 여기에 있습니다. 너무나 우리 머릿속에 패턴화된 정보가 많아서 아무리 고민해도 독창적인 생각이 나오질 않는 것이지요. 이것은 청소년 친구들도 크게 다르지 않습니다.

하지만 걱정할 건 없습니다. 아주 간단한 방법으로도 우리의 패턴화된 고정관념을 바꿀 수 있으니까요. 일단 제일 중요한 건 내 앞에 있는 물건을 천천히 자세하게 보는 것입니다. 마치 처음 본 물건처럼 신기하게 바라봐야 합니다. 그동안 우리가 스쳐 지나가서 보지 못한 것들을 발견할 수 있어야 합니다. 단지 바라보는 데 그치지 말고 직접 만져 보고, 냄새도 맡아 보면서 오감으로 느껴야 합니다. 우리의 독창적인 시각은 거기서부터 시작되는 것이지요.

내 손으로 그리면 제대로 보인다

사물을 자세히 보는 방법으로 가장 좋은 것은 '그림'으로 그려 보는 것입니다. 난 그림이라면 전혀 소질이 없다면서 벌써부터 고개를 가로젓는 친구들이 보이는 것 같네요. 그림은 글씨를 쓰는 것과 같습니다. 연필을 잡을 수 있다면 누구나 할 수 있는 것이에요. 다만 연습이 필요한 것뿐이지요.

그림은 미술 전공을 하는 사람들만 그리는 것이라고 생각하는 친구들도 많습니다. 이건 노래에 비유할 수 있겠네요. 세상에서 가수만 노래를 부르는 것은 아니죠? 우리는 누구나 노래를 부를 수 있습니다. 다들 노래방에서 노래 부른 적이 있듯이 말이에요. 정식 가수로 데뷔를 하고 싶은 사람은 전문 교육과 트레이닝 과정을 거쳐야겠지만, 그냥 노래가 좋아서 부르는 사람이라면 꼭 전문 교육을 받아야 할 필요는 없겠지요. 그림도 마찬가지입니다. 꼭 그림을 전공한 사람만 그리는 것이 아니라, 그림을 좋아한다면 누구나 그릴 수 있는 것입니다.

하지만 자신이 그림에 대해서 흥미를 느끼지 못한다면 모두 의미 없는 것이 되겠지요. 실제로 그림에 흥미가 없는 친구들도 있지만, 사실 대부분은 자발적으로 그림을 그려 본 적이 없기 때문에 흥미가 없다고 생각하는 경우입니다. 사람에게는 모두 창조의 본능이 있습니다. 무언가를 만들고 싶고, 무언가를 만들 때 살아있음을 느끼지요. 내 입에서 나도 모르게 멋있는 말이 튀어나왔을 때, 내가 만든 음식을 가족이나 친구들이 맛있게 먹을 때 우리는 행복감을 느낍니다. 그림도 마찬가지입니다.

어떻게 그려야 할까?

자, 그럼 지금부터 그림을 그려 봅시다! 준비물은 종이와 펜만 있으면 됩니다. 종이는 당연히 줄이 없는 하얀 종이가 좋고요, 펜은 검정 색깔을 준비합니다. 연필이 편한 친구는 연필이나 샤프를 준비해도 좋습니다.

이제 내가 그리고 싶은 물건을 하나 고릅니다. 필통도 좋고요. 책도 좋고, 모자도 좋습니다. 평소 내가 아끼는 물건이면 더 좋겠네요. 그릴 물건을 정했다면 잘 보이는 위치에 그것을 놓고 곧바로 따라 그려 봅니다.

우리는 점수를 받기 위해서 그리는 것이 아니라, 그 물건을 조금 더 자세히 보기 위해서 그린다는 것을 잊지 않았지요? 누군가에게 꼭 보여줄 필요도 없으니 일단 마음을 편안하게 먹는 게 제일 중요합니다. 그러고는 눈앞에 보이는 물건을 세심하게 관찰합니다. 늘 말했듯이 마치 처음 본 물건처럼 말입니다. 일단 전체 형태를 쭉 살펴봅니다. 직선으로 된 부분도 있고, 곡선 부분, 구불구불한 부분도 있을 것입니다. 이제 안쪽으로 시선을 돌려 봅시다. 얼핏 볼 때는 몰랐던 것들을 살펴봅니다. 질감도 보고, 물건에 쓰여 있는 좁쌀만 한 글씨들도 모두 살펴봅니다. 그렇게 관찰이 끝나면 이제 펜을 들어 봅시다.

처음에 본 전체 형태를 그대로 그려 봅니다. 삐뚤빼뚤해도 괜찮으니 자신 있게 그려 보세요. 물건의 전체 형태를 최대한 똑같이 그린다는 것만 잊지 말고요. 생각보다 시간이 많이 걸릴 수도 있습니다. 형태를 다 그렸다면 이제 형태 안쪽에 있는 부분을 그려 봅시다. 여기서 중요한 것은 아주 '자세하게' 그려야 한다는 것입니다. 작은 글씨, 상표, 흠

집까지도 모두 다 그린다는 생각으로 물건을 세심하게 관찰합니다. 그런 다음 눈앞에 보이는 대로 그림에 옮겨 봅니다. 잘 그리고 못 그리고는 중요하지 않습니다. 소질이 없는 것이 아니라 아직 연습을 많이 하지 않았기 때문이지요. 색깔이 있는 부분이나 그림자는 펜이나 연필로 색을 살짝 칠해도 좋습니다. 단, 내 눈에 보이는 그대로 한다는 것만 잊지 않으면 됩니다.

왜 그렇게 내 눈에 보이는 대로 그리는 것을 강조하는지 이유를 말해 줄게요. 〈모든 날이 소중하다〉라는 그림책을 쓴 대니 그레고리는 이런 말을 했습니다.

> 사람들이 그림을 잘 그리지 못하는 이유는 실제로 보이는 것을 그리지 않고 생각하는 것을 그리기 때문이다.

대니 그레고리, 《모든 날이 소중하다》, 세미콜론, 2012

맞습니다. 우리는 눈앞에 보이는 것을 그리지 않고, 내 머리에 기억되어 있는 것을 그리기 때문에 그림을 잘 그리지 못하는 것입니다. 이 비밀을 아는 사람은 누구나 그림을 잘 그릴 수 있게 되지요. 내가 알고 있는 것을 그리지 않고 눈에 보이는 것을 그리면 되니까요.

그렇게 그림을 그리면 우리는 그 물건을 정말로 자세하게 보게 됩니다. 평소에는 절대 볼 수 없었던 작은 부분까지도 보게 되지요. 그렇게 본 것은 우리의 마음속에 들어와 나만의 감상으로 자리합니다. 나만의 생각이 생겨나는 것이지요. 늘 대충 보고 지냈던 세상이 새로이 보이면서 같은 것을 다르게 보는 능력이 커나가는 과정이 되는 것입니다.

사진을 찍으면 카메라가 기억하고, 그림을 그리면 내가 기억한다

정말 잊고 싶지 않은 순간을 마주쳤다고 해봅시다. 그 순간 여러분은 어떻게 할 건가요? 아마 친구들은 스마트폰을 꺼내서 사진을 찍으려고 하겠지요. 가장 간편하고도 확실한 방법이니까요. 하지만 그렇게 찍은 사진은 내가 기억하는 것이 아니라 카메라가 기억하는 것입니다. 정말로 오랫동안 기억하고 싶다면 내 눈으로 자세히 보고, 그림으로 남기면 됩니다. 나만의 사진을 만드는 것이지요. 기계의 힘을 빌리지 않고 내 손으로 할 때 그것은 진정 내 것이 될 수 있습니다.

| 더 해보면 좋은 것들 |

같은 것을 다르게 그려 보기

1. 사진을 뒤집어 그리기

〈오른쪽 두뇌로 그림 그리기〉라는 책을 쓴 베티 에드워즈 선생님은 그림을 잘 그리는 방법으로 사진을 뒤집어 그리는 방법을 소개합니다. 방법은 간단합니다. 여러분의 사진이나 혹은 좋아하는 연예인의 사진을 180도 뒤집어서 그려 보는 것입니다.

뒤집어서 사진을 보면 우리 눈에는 마치 처음 본 사람처럼 보입니다. 우리의 눈과 머리가 낯설게 느끼는 것이지요. 그때부터는 진정한 '관찰'을 할 수 있게 됩니다. 분명 코를 그리고 있지만 이것은 내가 아는 코의 모습이 아니지요. 그러면 세세히 관찰해서 그 모양을 따라 그릴 수밖에 없습니다. 베티 에드워즈 선생님 말에 의하면 대부분의 사람은 제대로 된 사진을 보고 그릴 때보다, 사진을 뒤집어서 그릴 때 더 잘 그린다고 합니다. 그만큼 '관찰'을 더 잘했다는 것이겠지요.

물론 우리는 미술을 배우려고 하는 것이 아니기 때문에 꼭 잘 그릴 필요는 없습니다. 사진을 뒤집어서 그려 보면 내가 그동안 익숙한 것들은 별로 자세히 보지 않고 살아왔다는 것을 느끼게 됩니다. 그것을 느꼈다면 여러분은 이제 진정한 '관찰'을 할 준비가 된 것입니다.

2. 보지 않고 그리기

이것도 미술 분야에서 종종 쓰이는 '관찰' 방법입니다. 관찰을 하되 그것을 눈이 아닌 '촉감'으로 하는 것이지요. 주변에서 쉽게 구할 수 있는 물건 중 한 손으로 잡을 수 있는 것을 고릅니다. 냉장고를 한 번 열어 봅시다. 과일이나 채소 같은 것들이 적당하겠네요. 한 손으로 잡을 수 있으면서 떨어뜨려도 안전한 것을 골라 봅시다.

만약 사과를 골랐다면 사과를 한쪽 손으로 잡은 후 등 뒤로 가져갑니다. 그리고 손의 촉감만을 이용해서 사과의 모양을 그려 보는 것이지요. 내가 머리로 알고 있는 사과의 모양이 아닌 손으로 직접 만져서 느껴지는 모양을 최대한 그리도록 노력합니다. 분명 매끄러운 부분과 꺼끌꺼끌한 부분이 있을 테니 그것도 함께 표현해 봅니다.

어떤가요? 내가 잘 알고 있다고 느끼는 것들이 이제 다르게 느껴지나요? 그동안에는 느끼지 못했던 것들이 느껴진다면 여러분은 잘 '관찰'한 것입니다. 모든 생각의 출발점은 자신의 경험에서 시작됩니다. 또 경험은 우리의 눈을 통해서 시작되고요. 결국 새로운 생각은 '관찰'에서 시작된다고 해도 과언이 아닙니다. 너무나 익숙한 일상에서도 새로운 생각은 얼마든지 찾아낼 수 있습니다. 여러분이 눈을 크게 뜰 수만 있다면 말이지요.

사람에게는 모두
창조의 본능이 있습니다.

내 느낌대로 손글씨 써보기 캘리그라피

손글씨의 매력에 빠져들다

마지막으로 손 편지를 써본 게 언제였나요? 요즘엔 모든 연락을 스마트폰이나 컴퓨터로 하다 보니 누군가에게 손으로 글씨를 써서 전해줄 일이 거의 없지요. 아마 학교나 학원에서 수업을 들을 때 빼고는 손으로 무언가를 적어 본 일이 크게 없을 겁니다. 늘 컴퓨터로 일하는 직장인 어른들은 더 말할 것도 없고요.

우리가 손글씨 대신에 스마트폰이나 컴퓨터로 글을 쓰는 이유는 편리해서입니다. 쓰기 편한 건 물론이고 편집하고, 지웠다 다시 쓰기도 간편하지요. 종이와 펜이 없어도 엄지손가락만 있으면 언제 어디서든 쓸 수 있다는 점도 참 편리합니다. 하지만 그 편리함 덕분에 몇 가지 놓치게 되는 것이 있지요. 바로 '감정의 표현'입니다. 손으로 직접 글씨를 쓸 때는 단지 내용 전달만을 목적으로 하지 않습니다. 쓰는 사람의 마음까지도 같이 표현되지요. 손으로 쓴 긴 편지를 받을 때 우리는 그 사람의 마음을 함께 확인합니다. 흔히 좋아하는 사람에게는 직접 편지를 써서 마음을 전하는 이유도 여기에 있겠지요.

그럼 왜 스마트폰이나 컴퓨터로 쓴 글씨로는 마음이 전달되지 않을까요? 흔히 '폰트'라고 부르는 컴퓨터의 글씨는 '표정'이 없기 때문입니다. 누가 쓰든 모두 똑같은 모양을 하고 있지요. 모두 표정 없는 가면을 씌운 것 같은 글씨입니다. 아마 많은 친구들이 문자 메시지로 채팅을 하다가 상대방과 서로 오해했던 경험이 있을 거예요. 직접 얼굴을 보고 말로 했으면 전혀 문제가 없을 얘기였는데, 채팅으로만 대화하다 보니 서로의 의도가 어긋났던 것이지요. 이런 일들도 모두 디지털 글씨에는 '표정'이 없기 때문에 일어나는 일입니다.

감정을 담고 있는 손글씨들

우리는 모두 표현의 본능이 있습니다. 누군가에게 나의 생각이나 마음을 잘 전달하기 위해서 목소리가 높아지고 표정, 몸짓이 들어가는 것처럼 말입니다. 글씨도 예외는 아니지요. 단순히 내용만 전달하는 게 아니라 그 글씨를 통해 표현하고 싶은 감정들을 여러 가지 방법으로 표현하려고 하지요. 손으로 글씨를 쓸 때 좋은 점은 감정 표현이 가능하다는 것입니다.

벌써 우리 주변에서도 흔히 볼 수 있는 손글씨들이 있지요. 바로 드라마나 영화 제목입니다. 요즘엔 대부분의 드라마와 영화의 타이틀을 이 흔히 '캘리그라피'라고 불리는 멋진 손글씨로 적습니다. 제목 자체에서도 드라마, 영화의 내용을 암시하지만 손으로 쓴 글씨의 모양에서도 그 정서가 함께 느껴지지요. 그동안 눈치채지 못했다면 지금 인터넷을 켜고 최근에 하는 드라마의 포스터를 검색해 보세요. 대부분 일반 컴퓨터 글씨체가 아니라 손으로 쓴 듯한 마치 그림과도 같은 제목을 볼 수 있을 것입니다. 왜 제목을 손글씨로 쓰는 것일까요? 앞서 말했듯이 손으로 쓰는 글씨에는 '감정'을 담을 수 있기 때문입니다. 똑같은 제목이라도 손글씨는 보는 사람에게 더 많은 느낌을 가져다주지요.

그 외에도 요즘엔 책 타이틀, 제품 이름들도 손글씨로 쓴 경우가 많습니다. 그것들을 찾아보는 것도 재미있지요.

손글씨, 나도 해볼까?

청소년 친구들과 같이 손글씨(캘리그라피)를 써보는 시간을 가졌습니다. 재료는 화선지와 붓, 먹물로 보통 서예 준비물과 똑같습니다. 생각보다 놀란 것은 수업을 듣는 친구들이 손글씨를 쓰는 것을 아주 재미있어 한다는 것이었지요. 특히 자기 이름을 독특하게 써보는 시간에는 다들 엄청난 집중력을 보이기도 했습니다. 사람은 모두 창조의 본능이 있다는 것을 다시금 느꼈지요. 요즘엔 손글씨(캘리그라피)를 따로 가르쳐주는 강좌가 많이 생겼습니다. 하지만 가볍게 손글씨를 써보는 것이 목적이라면 굳이 강좌를 듣지 않고도 간단하게 혼자서 해볼 수 있습니다.

손글씨의 가장 큰 매력은 매일 보는 단어에 나만의 감성을 담을 수 있다는 점입니다. 글씨를 예쁘게 쓰는 것과는 조금 다릅니다. 흔히 캘리그라피를 처음 배울 때 연습하는 것 중에 의태어, 의성어를 써보는 것이 있지요. 가령 '살랑살랑'이라는 단어를 정말 살랑거리는 느낌이 나도록 써보는 것입니다. 그러기 위해선 글씨의 선도 가늘고 부드러워야겠지요. 너무 두꺼워서도 안 될 겁니다. 내가 아는 '살랑살랑'의 경험을 모두 끌어다 글씨를 써야 합니다. 바로 같은 것(단어)을 다르게 보는 훈련이 되고, 독창적인 아이디어를 키울 수 있는 지름길이기도 합니다.

나만의 캘리그라피를 써보자

캘리그라피를 쓰는 재료는 서예와 같습니다. 흔히 문방사우라 불리는 붓, 먹, 종이, 벼루를 쓰지요. 하지만 편의상 먹은 먹물로, 벼루는 접시 그릇으로 대체하여 쓰는 경우가 많습니다. 붓은 내 손에 잡기 편한 적당한 크기가 좋습니다. 너무 크면 익숙해지는 데 시간이 많이 걸리지요. 먹물과 화선지는 문구점에서 쉽게 구할 수 있는 것으로 쓰면 됩니다. 또한 글씨를 쓸 때 종이를 잡아 주는 '서진'도 함께 있으면 좋습니다. 끝으로 얇은 화선지에 먹물이 닿으면 책상에 묻을 수 있기 때문에 서예용 깔개도 함께 있어야 합니다. 언뜻 복잡해 보이지만 학교에서 쓰는 서예 준비물과 똑같으니 부담 가질 필요 없습니다.

캘리그라피는 붓으로 쓰는 것이기 때문에 붓이 내 손에 익숙해지는 게 중요합니다. 붓을 잡는 것은 서예를 할 때와 똑같습니다. 계란이 들어갈 정도로 손을 오므려서 붓의 중간 부분을 잡도록 합니다. 일단 선긋기부터 시작하여 붓이 손에 익숙해진 다음, 단어와 같은 짧은 글씨를 써봅니다. 늘 그렇듯 평가받기 위해 하는 것이 아니니 편안한 마음으로 해보세요.

만약 서예도구를 준비하기 어려운 친구들은 문구점에서 파는 붓펜이나 두꺼운 매직으로도 캘리그라피를 연습해 볼 수 있습니다. 실제로 매직으로만 캘리그라피를 쓰는 전문가도 있으니까요. 재료가 중요한 것이 아니라 나의 감성을 손글씨로 표현해 본다는 것이 중요합니다. 손글씨라는 것은 어쩌면 '글씨로 그리는 그림'같은 것이니까요.

[실습과제 1] 내 이름을 손글씨로 써봅시다. 내가 생각하는 내 모습을 글씨로 표현한다고 생각하면서 나만의 독특한 이름을 만들어 봅시다.

[실습과제 2] '살랑살랑' , '포동포동' , '으실으실'을 손글씨로 표현해 봅시다. 보는 사람도 저 단어의 느낌이 느껴지게끔 만들어 봅시다.

[실습과제 3] 좋아하는 영화, 드라마의 제목을 내가 직접 손글씨로 써봅시다. 그 드라마의 분위기나 스토리가 느껴지도록 쓰면 정말 좋겠지요. 그렇게 쓴 후 실제 제목과 비교해 보도록 합니다.

컴퓨터의 글씨는

'표정'이 없기 때문입니다.

책을 내 것으로 만드는 방법

독서가 왜 좋은 걸까?

책을 좋아하나요? 요즘 학생들은 TV나 게임을 좋아해서 책을 멀리한다고 얘기합니다. 하지만 제가 수업 시간에 만난 청소년 친구들은 그렇지 않는 경우가 더 많았던 것 같아요. 늘 가방 속에는 책이 한 권씩 있었고 수업 시간 전이나 쉬는 시간에 짬짬이 읽는 것도 여러 번 봤지요. 가끔은 어른들도 읽기 힘든 책을 읽는 친구도 종종 봤습니다.

흔히 책을 읽는 게 중요하다고 하지요. 아마 다들 그 얘기는 정말로 여러 번 들었을 거예요. 만약 책을 자주 읽지 않는 친구가 있다면 그건 아마 책을 싫어해서는 아닐 겁니다. 다들 책을 많이 읽으라는 말만 했지, 어떤 책을 어떻게 읽으라는 것은 말해 주지는 않으니까요. 책을 읽고 싶지만 막상 어떤 책부터 읽어야 하는지 막연해지는 것이지요. 무작정 책을 많이 읽기보다도 나에게 맞는 책을 제대로 읽는 것이 더 중요합니다.

그런데 왜 다들 책이 좋은 것이라고 말하는 것일까요? 예전에는 지식을 쌓거나 새로운 이야기를 접할 수 있는 매체가 책밖에 없었지요. 조선 시대에도 책은 있었지만 TV나 컴퓨터는 없었으니까요. 하지만 요즘은 책 말고도 지식과 이야기들을 접할 수 있는 기회는 많지요. 요즘엔 공부도 인터넷 동영상 강의로 듣는 시대인데 꼭 책만 고집할 이유가 있을까요?

문화심리학자 김정운 박사님은 책이 다른 매체보다 훌륭한 점은 좀 더 풍부한 내적 경험을 할 수 있는 것이라고 말했습니다. 쉽게 말해 영상 매체를 볼 때보다 우리가 느낄 수 있는 것이 책 쪽이 더 많다는 것이지요. TV와 같은 영상 매체를 볼 때는 우리의 눈과 귀를 쉬지 않고 집중하고 있어야 하지요. 그만큼 내가 느끼고 소화할 여유가 없습니다.

하지만 책은 다르지요. 책을 읽다가 기억하고 싶거나 좋은 구절이 나오면 잠깐 책을 내려놓고 메모를 한다거나 생각에 잠길 수가 있습니다. 다들 이런 경험이 한 번씩 있지요? 그만큼 내 안에서 소화할 여유가 있는 것입니다.

어려운 책이 꼭 좋은 책은 아니다

책을 자주 읽는 친구들의 공통점이 있습니다. 굳이 어려운 책을 고르지 않는다는 것이지요. 베스트셀러인 책에도 크게 관심을 갖지 않습니다. 자신의 관심사에 따라 읽기 편한 책을 고릅니다. 장르도 가리지 않지요. 이건 청소년 친구들뿐만 아니라 책을 자주 읽는 사람들의 특징이기도 합니다. 일단 책에 대한 편견을 바꾸는 게 중요합니다. 책을 읽으면서 꼭 무언가를 배우고 느껴야 한다는 마음을 내려놓고, 평소에 관심 있던 것들을 책에서 찾아본다는 생각으로 읽는 게 좋습니다.

내 친구가 읽는 책이라고 해서 꼭 나도 읽어야 하는 건 아닙니다. 나한테는 재미가 없을 수도 있고 쉽게 이해가 되지 않을 수도 있습니다. 책을 읽는다는 것은 남과 비교할 수 없는 아주 개인적인 활동이기도 해요. 아무도 모르는 나만의 독서 흐름을 가지고 가는 것이 오히려 이상적인 모습입니다. 모든 기준점을 '나'에게로 두고 소신껏 책을 고르도록 합니다.

책을 내 것으로 만드는 방법

자, 이제 책에 대한 두려움을 내려놓고 내가 읽고 싶은 책을 골랐나요? 그렇다면 연필 한 자루를 준비합시다. 책을 읽는 데 왜 연필이 필요하냐고요? 이제부터 책을 내 것으로 소화하기 위해서이지요. 지금부터 책에 밑줄을 그을 겁니다. 하지만 몇 가지 기준이 있습니다. 교과서나 문제집을 볼 때는 중요한 부분에 밑줄을 긋지요? 내가 따로 책을 볼 때는 그렇게 하지 않습니다. 중요한 곳에 밑줄을 긋는 게 아니라 내가 감탄한 부분, 감동을 받은 부분, 재미있는 부분에 밑줄을 긋습니다. 한 문장을 그을 때도 있고 한 문단을 그을 때도 있을 겁니다. 밑줄을 그을 부분이 너무 길면 문장의 시작과 끝에 「」로 표시합니다.

책을 읽는다는 것은 책을 쓴 사람과 '대화'를 나눈다고 봐도 좋습니다. 우리가 다른 사람과 대화를 하다가 공감이 되거나 재미있는 얘기가 나오면 박수를 치고 감탄하는 등의 반응을 보이지요? 책을 읽을 때도 그렇게 해보는 겁니다. 책을 쓴 사람의 말이 나에게 울림을 주면 나는 밑줄을 그어서 그 사람에게 반응을 보여주는 것입니다. 소설책을 읽든, 역사책을 읽든 그 어떤 책을 읽더라도 다를 건 없습니다. 내가 직접 고른 책에서 내가 맘에 드는 부분에 밑줄을 긋는 건 어려운 일이 아닙니다. 책의 종류와 상관없이 언제나 할 수 있는 일입니다.

밑줄을 그으면서 책 읽기가 끝나면 다시 책의 첫 장을 펼쳐 봅시다. 지금부터는 밑줄을 그은 부분을 따로 옮겨 적는 작업을 합니다. 컴퓨터로 타이핑을 쳐도 좋고, 노트에 직접 손으로 써도 좋습니다. 그렇게 밑줄 그은 부분을 다 옮겨 적으면 드디어 '나만의 책'이 완성되는 것이지요. 읽은 책에서 좋았던 부분들만 모아서 정리해 놓은 나만의 책. 이런 기록이 쌓이고 쌓이다 보면 정말 책 한 권의 분량이 나올 수도 있습니다. 간혹 밑줄을 긋는 건 쉬운데 옮겨 적는 것이 귀찮다는 친구가 있을 거예요. 하지만 밑줄만 긋고 옮겨 적지 않으면 그것은 내 기억에 남지 않습니다. 나중에 그 책을 떠올려도 생각이 나지 않을 수도 있어요. 실제로 이렇게 '적는 독서'를 하시는 분들이 많이 있답니다. 책을 내 것으로 만드는 가장 좋은 방법이기 때문이지요.

책을 '내 언어'로 소화하기

밑줄 그은 부분을 적어 둔 노트를 다시 읽어 봅시다. 컴퓨터로 타이핑을 쳤다면 인쇄를 하면 되고요. 나에게 감동을 준 부분들만 다시 읽어 봅니다. 그리고 그 밑에 나의 솔직한 느낌을 적어 봅시다. 이 부분이 나한테 왜 감동을 주었는지, 공감되었는지를 써보는 겁니다. 진정한 독후감이라고도 볼 수 있습니다. 그렇게 적다 보면 책이 나에게 준 의미들도 다시금 생각이 나게 됩니다. 이제 정말 책을 제대로 소화시킨 것이지요.

책은 많이 읽는 것보다 깊게 읽는 것이 더 중요합니다. 서점에서 많이 팔리는 책이 좋은 책이 아니라 내가 느낀 것이 많은 책이 좋은 책입니다. 그렇게 책을 고르고 읽기 위해서는 그 중심이 '나'에게 있어야 합니다. 내가 책을 고르고, 직접 밑줄을 긋고, 직접 옮겨 적고, 감상을 쓰는 것까지 모두 하면 어떤 책이든 나의 방식대로 소화시킬 수 있습니다. 그렇게 저장된 나의 감상들은 창의적인 생각을 할 수 있는 밑거름이 됩니다. 글 쓰는 시간에, 친구들 앞에서 발표해야 하는 순간에 나도 모르게 그동안 저장해 둔 '나만의 책'들이 기억나게 됩니다. 억지로 외우려고 해서는 절대 할 수 없는 일이지요. 자, 이번 주말에는 서점으로

놀러 가는 건 어떨까요? 수많은 책들 중에서 누구와 대화를 나눌지 내가 직접 골라 보는 즐거움을 느끼기 바랍니다.

책을 읽는다는 것은
책을 쓴 사람과
'대화'를 나눈다고 봐도
좋습니다.

내 감성을 카피 한 줄로 표현해 보기

한 줄의 미학, 카피

흔히 카피는 한 줄의 미학이라고 말합니다. 짧은 문장으로 사람의 마음을 움직이는 힘을 갖고 있기 때문이지요. 흔히 카피라고 하면 TV나 신문에서 보는 광고 카피만을 떠올리곤 하지만, 카피는 광고에서만 쓰이는 것이 아닙니다. 한 문장으로 사람의 마음을 움직이는 모든 글은, 그 어떤 것이든 카피가 될 수 있습니다.

그렇게 보면 책 제목도 카피라고 볼 수 있지요. 서점이나 도서관에 가면 수많은 책들이 책장에 꽂혀 있습니다. 그중에서도 우리가 직접 꺼내 보는 책은 몇 권 되지 않습니다. 대부분 제목에 마음이 이끌려 책을 꺼내 보지요. 짧은 제목이 우리를 움직였다고도 볼 수 있습니다. 이렇듯 책 제목도 좋은 카피 중에 하나입니다. 또 요즘 많은 친구들이 좋아하는 웹툰의 제목도 마찬가지입니다. 짧은 제목에서 스토리를 떠올릴 수 있게 하고, 뒤에 이어질 이야기를 궁금하게 만드는 웹툰의 제목도 좋은 카피 중 하나입니다. 결국 카피라는 것은 많은 스토리를 담고 있는 가장 짧은 글이라고도 볼 수 있겠네요.

사람도 참 많은 이야기를 갖고 있습니다. 여러분은 얼마나 많은 이야기를 갖고 있나요? 몇 날 며칠을 이야기해도 모자를 수많은 이야기들이 여러분 속에 있을 겁니다. 마치 글씨가 빽빽하게 가득 찬 두꺼운 책과도 비슷합니다. 가족과 친구들이 좋은 이유는 그런 나의 이야기들을 잘 알고 있기 때문이지요. 굳이 내가 설명하지 않더라도 나를 이해해주고 알아주기 때문입니다. 하지만 우리는 때때로 처음 보는 사람에게도 내 자신을 소개해야 할 때가 있습니다. 나를 한 권의 책으로 비유한다면, 오늘까지의 내 모습을 나타낼 수 있는 제목이 있다면 참 좋겠지요. 짧은 한 마디로도 나의 많은 것들을 설명할 수 있을 테니까요. 카피가 필요한 순간은 바로 그런 때일 겁니다.

카피 한 줄로 나를 표현해 보자

예전엔 취업을 준비하는 대학생들만 준비한 면접이나 자기소개서가 이제는 청소년 친구들에게도 익숙한 것이 되었습니다. 하지만 많은 친구들이 자신을 소개하는 것에 어려움을 겪곤 합니다. 나에게는 너무 익숙한 '나'를 소개하는 것이 참 막막하게 느껴지는 것이지요. 그런데 생각해 보면 카피를 쓸 때도 그와 비슷할 때가 많습니다. 광고 카피든, 책 제목이든 사실 완전히 새로운 것을 대상으로 할 때는 없습니다. 사람들이 이미 알고 있는 것들을 가지고 카피를 쓰는 거지요. 사실 별로 특별할 것도 없는 것들입니다. 하지만 그 안에서 새로운 이야기들을 뽑아내고, 그것을 한 줄로 옮겨 내면 그게 카피가 되고, 사람들의 마음을 움직이게 되는 것이지요.

우리도 그렇지 않을까요? 자신을 특별할 것 없는 대한민국의 청소년이라고 볼 수도 있지만 분명 나만 가지고 있는 이야기들이 있을 겁니다. 그것을 가지고 카피를 쓸 수 있다면 참 유용하게 쓰일 수 있습니다. 더 나아가 나 자신을 이해하는 데에도 정말 큰 도움이 될 거고요. 청소년 친구들에게도 '카피'가 필요한 이유는 그것일 겁니다. 카피 쓰는 것을 어렵게 생각할 필요는 없습니다. 분명 처음해 보는 것이지만 여러분도 충분히 쓸 수 있습니다. 창의력 강의를 들은 친구들도 모두 수업 시간에 배운 대로 카피를 썼으니까요. 이제 같이 카피 쓰는 법을 알아보도록 할까요.

1. 내 경험을 풀어내자

카피를 쓰는 첫 번째 방법은 주제에 대한 나의 경험들을 마음껏 풀어 보는 것입니다. 우리는 '나'에 대해서 카피를 쓰는 것이니 '나' 하면 떠오르는 경험들을 쓰면 되겠죠? 연습장을 준비해서 한가운데에 내 이름을 적고 나와 연관이 많은 물건이나 경험들을 마치 가지가 뻗듯이 내 이름 주변에 계속 써보는 겁니다. 평소에 포스트잇을 많이 쓰는 습관이 있다면 '포스트잇'을 적으면 되고, 영화 보는 걸 좋아한다면 '영화'라고 적으면 됩니다. 이때 주의해야 할 것은 문장보다는 단어로 쓰는 게 좋고, 눈에 보이지 않는 추상적인 단어보다는 눈에 보이는 단어 위주로 쓰는 게 좋다는 거예요. 단어들이 꼭 논리적으로 이어질 필요는 없으니 최대한 빠른 속도로 생각나는 대로 쓰는 게 좋습니다. 양은 많으면 많을수록 더욱 좋고요.

2. 단어를 조합해 보자

나에 대한 단어들로 연습장을 가득 채웠다면 이제 그 단어들을 가지고 '조립'을 해봅시다. 첫 번째 방법으로는 '나는 ㅇㅇ다'라고 문장을 만들어 보는 거예요. 아까 쓴 '포스트잇' 단어를 활용한다면 '나는 포스트잇이다'라고 쓸 수 있겠죠. 그런 식으로 말이 될 만한 문장들을 많이 만들어 봅니다. 두 번째 방법으로는 전혀 상관없는 단어끼리 조합을 해 보는 거예요. 분명히 '나'를 기준으로 나온 단어들이지만 서로 뜻이 상충되는 단어들이 많이 있을 거예요. 그런 단어들끼리 붙여서 말을 만들어 보는 겁니다. 실제로 어떤 학생은 자신이 좋아하는 계절인 '여름'과 자신을 설레게 하는 '눈'을 조합해서 '나는 여름에 내리는 눈이다'라고 카피를 쓰기도 했지요. 보는 사람에게 호기심을 일으키는 멋진 카피였습니다.

〈카피 쓰는 법〉

① 주제(대상)을 놓고 경험 또는 떠오르는 것 쓰기

- 내 경험 위주로 풍부하게 단어를 펼쳐 보기
- 관념적 언어보다는 모습이 눈에 보이는 단어 위주로

② 단어를 서로 조합해서 문장으로 만들어 보기

- 'A는 B이다' 꼴로 만들어 보기
- 반대되는 단어 붙여 보기
- 전혀 상관없는 단어 붙여 보기

그렇게 만든 문장들 중에서 제일 맘에 드는 것을 하나 고르면 나를 표현하는 카피가 완성됩니다. 완성된 카피를 보고 그 이유를 3가지 정도 찾아서 적어 주면 더욱 좋습니다. 나를 소개하는 글을 쓸 때 활용할 수 있기 때문이지요. 예를 들면 자기소개서의 세부 제목으로도 활용할 수 있습니다. 아까 얘기한 '포스트잇'으로 카피를 썼다면 이렇게 완성할 수 있을 거예요.

나는 포스트잇이다

- *나는 눈에 잘 띈다*
- *나는 어디에나 잘 붙는다*
- *나는 붙였다 떼었다 할 수 있다*
- *나는 중요한 내용을 지닌다*

어떤가요? 그렇게 어렵지 않지요? 누구나 알 수 있는 단어와 이야기들을 가지고 충분히 만들 수 있습니다. 창의력 수업 시간 때 다른 친구들이 쓴 카피들도 몇 개 소개해 볼게요. 먼저 재원이의 작품이 기억납니다. 중학교 3학년인 재원이는 사실 '나를 찾는 창의력' 수업 시간 동안 많이 힘들어했어요. 정해진 답을 찾는 게 아니라 계속 내 생각을 곱씹어 보고, 그것을 표현하는 과제가 많아서 힘들어했지요. 재원이는 이런 것보다 수학 문제를 푸는 게 더 나을 거 같다는 말을 하기도 했어요. 그러던 재원이가 마지막 시간에 이르자 정말 멋진 작품을 만들어 내서 놀랍기도 하고 감동도 받았습니다.

나는 문제집의 빨간색이다

- 나는 좋고 싫고가 확실하다 ○ / ×

- 나는 결정을 못 내릴 때가 많다 △

- 나는 중요하다 ☆

자신을 문제집으로 비유한 아주 멋진 카피였어요. 밑에 적은 세 가지 이유도 적절한 서브카피였습니다. 문제지에 채점하는 표시(○,×,△,☆)를 이용한 것도 좋은 아이디어였고요. 보는 사람들도 충분히 공감할 수 있는 소재로 자신을 아주 효과적으로 표현한 카피였습니다.

또 인상적이었던 작품은 현우가 만든 것이었지요. 평소 말수가 적은 현우는 수업 시간에는 조용했지만 대답하거나 글로 자신을 표현할 때는 아주 날카로운 시선을 보이곤 했습니다. 카피를 쓰는 시간에도 조용히 자신만의 작품을 만들어 냈습니다.

나는 주말의 영화다

- 나는 주말의 영화처럼 휴식을 좋아한다

- 나는 주말에는 액션 영화처럼 들떠 있다

- 나는 주말의 영화다

현우는 영화가 시작되기 전에 느끼는 두근두근한 감정이 좋다고 했습니다. 그런 자신의 경험을 바탕으로 '나는 주말의 영화다'라는 멋진 카피를 썼습니다. 현수를 잘 모르는 사람도 이 카피를 듣는다면 현수의 모습이 생생히 그려질 것 같습니다.

많은 친구들이 카피를 쓰는 시간을 즐거워했습니다. 글을 써야 한다는 스트레스보다는, 내 안에서 이야기들을 끌어내서 새로운 것을 만들어 낸다는 즐거움이 더 컸기 때문이지요. 세상에 없던 것을 만들어 낸다는 것은 정말 신 나는 일입니다. 그 재료는 모두 내 머리와 가슴에서 나오기 때문에 나를 이해하고 돌아보는 기회도 되고요.

행복한 삶이라는 것도 그렇게 어려운 게 아닌 것 같습니다. 내가 나를 잘 알고, 내가 좋아하는 것들을 하면서 살아가는 것이 행복한 삶이겠지요. 내 자신을 알 수 있는 가장 좋은 방법은 무언가를 새롭게 만드는 창의 활동이라는 것을 잊지 말았으면 좋겠습니다.

카피라는 것은
많은 스토리를 담고 있는
가장 짧은 글입니다.

성적과 스펙만큼 중요한
또 하나의 능력은 바로,
소통 능력입니다.
표현력과 소통 능력은
나를 보여주는 아주 멋진 도구이지요.
나의 목소리와 의견이 분명해지는 만큼,
나를 믿는 힘도 커집니다.

나답게 표현할 때 소통이 시작된다

학교생활의 절반은 표현입니다

우리는 매일 표현하며 살고 있다

많은 친구들이 하루 대부분의 시간을 학교와 학원에서 수업을 듣고 공부하면서 보냅니다. 사실 여러분의 하루 중 대부분은 '배우는 것'으로 채워졌다고 해도 과언이 아니지요. 그것이 당연하다고 생각하는 친구들도 많을 겁니다. 우리는 무언가 배우고 공부하기 위해 학교와 학원을 다니고 있으니까요.

하지만 조금만 더 생각해 보면 우리는 학교에서 배우기만 하는 게 아닙니다. 수업시간에 발표하고, 친구들과 대화를 나누고, 방과 후 교실이나 동아리 활동을 하기도 합니다. 우리는 생각보다 많은 시간 동안 학교에서 내 자신을 표현합니다. 학교를 배우는 곳으로만 생각하게 된다면 사실 주변 친구들은 굳이 없어도 상관없습니다. 나 혼자서 열심히 수업을 듣고 공부만 하면 되니까요. 하지만 학교는 우리가 어른이 되기 전에 먼저 만나 보는 '작은 사회'이기도 합니다. 선생님, 친구들에게 나의 생각과 마음을 표현하고 서로 소통하며 지내는 연습을 해보는 곳이지요.

우리가 학교를 졸업하고 세상에 나가면 늘 다른 사람들과 소통을 하며 살아야 합니다. 소통이라는 것은 나의 생각을 표현하고 남의 얘기를 들어 주는 것이지요. 학교를 다니는 동안 표현하고 소통하는 연습을 해보지 않는다면 세상에 나가서도 많은 어려움을 겪게 됩니다. 표현과 소통을 잘하지 못하면 관계에서도 문제가 생기거나, 갈등을 해결하기가 힘들기 때문입니다. 스스로 고립되는 삶을 살아가지 않기 위해서 우리는 표현하고 소통하는 것을 공부해야 합니다. 물론 많은 친구들이 이런 사실들을 모르고 있지는 않을 거예요. 다만 해야 할 것들도 많고 늘 남들과 경쟁을 하다 보니, 지금 당장 급한 것이 아니라면 나중에 생각하자고 했을지도 모릅니다. 모든 것이 그렇듯 '표현하는 법'을 배우고 연습하는 것도 적절한 시기가 있습니다. 많은 친구들이 하루 종일 바쁜 일과를 보내고 있지만 '나를 표현하는 방법'을 배워야 하는 가장 큰 이유입니다.

학교 친구들 중에 유독 말을 잘하는 친구들이 있을 겁니다. 그런 친구들은 자기 생각을 조리 있게 정리해서 다른 사람에게 전달하는 능력이 뛰어나지요. 또 글을 잘 쓰는 친구들도 있습니다. 평소에는 말수가 적다가도 글로 말을 할 때는 완전 다른 사람이 되는 친구도 있지요. 그것을 타고난 재능으로 생각하기 쉽습니다. 물론 따로 배우지 않더라도 자기 생각을 잘 표현하는 사람들이 있긴 하지요. 하지만 대부분의 경우엔 자신의 생각을 표현하는 것도 따로 공부가 필요합니다. 자전거를 처음 탈 때 자전거 타는 법을 먼저 배우는 것과 비슷한 것이지요. 처음엔 조금 서툴더라도 배우기만 한다면 평생 동안 내 것처럼 쓸 수 있습니다.

잘 듣는 사람이 표현도 잘한다

표현을 잘하는 사람들의 특징은 공감을 잘한다는 것입니다. 다른 사람의 말을 경청해서 듣고 공감하는 능력이 탁월한 것이지요. 같은 것을 보고도 더 많은 것들을 느끼기도 하고요. 그만큼 감탄, 감동도 더 잘 합니다. 그렇게 섬세한 눈과 귀로 받아들인 것들을 '내 것'으로 소화시켜서 표현하는 것입니다. 다른 사람의 말에 공감해 본 사람만이 남에게 공감을 줄 말을 할 수 있고, 좋은 글을 읽고 감동을 해본 사람만이 남에게 감동을 주는 글을 쓸 수 있는 것이지요.

결국 표현을 잘하기 위해서는 잘 듣고 보는 것이 중요합니다. 그러기 위해서는 잘 느낄 줄 알아야 합니다. 기쁜 감정이든 슬픈 감정이든 내 가슴에 울리는 경험을 많이 해봐야 하지요. 그렇게 저장된 느낌들은 나를 표현할 때 아주 좋은 재료로 쓰입니다. 그러기 위해선 오랜 시간 많은 경험을 통해 여러 가지 감정을 느끼는 것이 제일 좋겠지요. 하지만 늘 바쁜 일상을 보내는 청소년 친구들이 따로 시간을 내어서 많은 경험을 해본다는 것은 쉽지 않은 일입니다.

여러분들이 가장 손쉽게 감동의 경험을 할 수 있는 방법은 '예술'을 접하는 것입니다. 소설, 시, 그림, 사진, 영화 등 이미 우리 주변에 있는 예술 작품들을 만나는 것이지요. 예술 작품에는 작가의 인생과 경험, 감정이 담겨져 있습니다. 누군가는 그것을 글로 표현하고, 또 그림으로 표현하고, 영화와 사진으로 표현하는 것이지요. 결국 예술 작품을 본다는 것은 작가와 대화를 나누는 것과 같습니다. 그 사람이 살아온 인생을 듣는 것이고, 지금 느끼는 감정을 서로 공유하는 것이지요.

아마 많은 친구들이 음악 듣는 것을 좋아할 텐데요. 그것 역시 예술을 접하는 방법입니다. 멜로디와 가사를 들으며 노래를 부르는 가수와 대화하는 것이지요. 예술 작품을 보는 것도 음악을 듣는 것처럼 하면 됩니다. 그것을 만든 작가와 대화한다고 생각하고 소설, 그림, 영화를 보세요. 그리고 작품에 나오는 사람들의 마음을 헤아려 보는 것입니다. '만약 나였으면 마음이 어땠을까?', '나는 저렇게 행동할 수 있었을까?' 같이 나 자신에게 감정이입을 해보는 것입니다. 그런 경험들이 계속 쌓이면 우리는 사람들을 이해하는 마음이 생기고, 다른 사람들에게 나를 표현하고 소통하는 것이 한결 수월해지는 것이지요.

'나'에 대해서 전문가가 되자

많은 친구들이 남과 다르게 표현하고 싶어 합니다. 말도 잘하고 싶고, 노래도 잘 부르고 싶어 합니다. 글을 잘 쓰거나 그림을 잘 그리는 친구들을 부러워하기도 합니다. 남들과는 차별될 수 있는 외모와 스타일도 원하지요. 각자의 방법이 다를 뿐 모두 나를 표현하고 싶어 하는 마음은 똑같습니다.

우리의 생김새가 모두 다르듯, 우리는 각자 고유의 특징들이 있습니다. 재능, 외모, 성격까지 모든 것들에 나만의 색깔이 있다는 것이지요. 독창적으로 나를 표현하는 방법은 나만 가진 그 색깔들을 '솔직하게' 보여주는 것입니다. 억지로 숨기거나 꾸미지 않고 말이지요. 말을 하는 것, 글을 쓰는 것 모두가 그렇습니다. 진짜 내 모습을 솔직하고 담담하게 내보이면 되는 것입니다. 신기하게도 사람에게는 다른 사람의 진심을 알아볼 수 있는 능력이 있습니다. 솔직하게 자신을 표현한 사람에게는 진심이 느껴져서 그 사람에게 호감을 갖게 되지요. 그러기 위해서는 진정한 나의 모습을 내가 알아야 합니다. 내가 지금 어떤 감정이 있는지도 볼 줄 알아야 합니다. 나에 대해서 '전문가'가 되어야 하는 것이지요. 그리고 어깨에 힘을 빼고 그것을 숨김없이 표현하면 됩니다. 그렇게 한다면 약간 어눌한 말투이더라도 사람들이 박수를 쳐줄 것이고, 조금은 부족한 글이라도 공감해 줄 것입니다. 시간이 지나면서 더욱 나만의 스타일을 찾게 되어 더 멋지게 표현할 수 있을 것이고요. 창의적으로 나를 표현한다는 것은 바로 그것을 말하는 것입니다. 오늘부터라도 조금 더 나와 친해지고 솔직하게 표현하는 연습을 해봅시다. 어느새 자기만의 스타일로 멋지게 사람들과 소통하는 자신을 보게 될 것입니다.

나에 대해서

'전문가'가 되어야 하는

것이지요.

말 잘하는 사람은 내 언어로 말을 합니다

'틀리면 어쩌지' 하는 두려움 + 잘해야 한다는 압박감

'울렁증'이라는 말을 알고 있지요? 요즘엔 카메라울렁증, 영어울렁증처럼 자신이 두려워하는 대상을 가리킬 때 하는 말로 많이 쓰입니다. 여러분은 어떤 울렁증을 가지고 있나요? 혹시 무대울렁증이나 발표울렁증이 있지는 않나요? 생각보다 많은 사람들이 다른 사람들 앞에서 말하는 것을 두려워합니다. 하지만 학교에서 발표해야 할 때도 많고, 때론 면접처럼 모르는 사람들 앞에서 말해야 하는 순간도 있지요.

두렵지만 피할 수도 없는 상황들을 계속 만나게 됩니다. 반면 말하는 것에 울렁증은 없지만 지금보다 더 잘하고 싶은 친구들도 있을 겁니다. TV에 나오는 MC나 아나운서처럼 조리 있게 말하고 싶은 욕심도 있을 수 있고요. '말'은 나를 표현하는 아주 중요한 도구입니다. 내가 아무리 좋은 아이디어를 가지고 있더라도 다른 사람들에게 전달할 수 없다면 소용없는 것이지요. 또 좋은 아이디어가 '울렁증'으로 인해 효과적으로 전달되지 않을 수도 있고요. 그렇다면 우리는 어떻게 '말해야' 하는 것일까요?

말하는 것에 울렁증이 있는 친구들의 공통점은 '틀리면 어쩌지' 하는 두려움입니다. 예전에 친구들 앞에서 발표하다가 창피를 당한 경험이 있거나, 스스로 말을 잘 못한다고 생각하면 그런 두려움이 생기게 되지요. 또 말을 잘해야 한다는 압박감이 있기도 합니다. 결국 말하는 것 자체보다 다른 것들에 더 많은 신경을 쓰고 있는 것이지요. 반면 말을 잘하는 친구들은 두려움이나 압박감이 없기 때문에 더 차분하게 '말'에만 신경을 쓸 수 있고요.

즉 말을 잘하기 위해서는 테크닉보다는 마음 상태가 더 중요합니다. 누구나 자신만의 목소리가 있기에 두려움과 압박감만 떨쳐 낸다면 충분히 말을 잘할 수 있습니다. 많은 사람들 앞에서 말하는 것이 두렵지 않은 사람은 없습니다. 100미터 달리기를 떠올려 봅시다. 세계에서 가장 빠르다고 하는 우사인 볼트 선수도 100미터 달리기 시합 전에는 긴장이 된다고 합니다. 하지만 볼트는 시합이 시작되기 전 떨리는 마음을 내려놓으며 자기 자신을 믿으려고 할 겁니다. 실제로 우사인 볼트는 시합 직전에 부산스러운 행동들을 한다고 합니다. '꼭 금메달을 따야 한다', '혹시 실수를 하면 어쩌지'라는 두려움들을 내려놓는 행동이지요. 말을 하는 것도 비슷합니다. 긴장이 되는 건 어쩔 수 없지만, 일단 나 스스로를 믿고 두려움을 하나씩 내려놓아야 하지요. 그러고는 내가 하는 말에만 집중하는 것입니다. 출발 신호를 들은 우사인 볼트가 오로지 '달리는 것'에만 집중하듯이 말입니다.

내 언어로 말하기

말하기 전 두려움을 내려놓았다면 말을 잘할 수 있는 실제 방법은 무엇이 있을까요? 그 방법은 바로 '내 언어로 말하기'입니다. 말할 내용을 나만의 언어로 소화하는 것이지요. 만약 'Good morning!'이라는 인사를 새로 배웠다고 해봅시다. 우리는 그것을 이해할 때 Good(좋은)이라는 단어와 morning(아침)이라는 단어가 합쳐져서 '좋은 아침!'이라는 뜻이 되고 아침에 하는 인사라는 것으로 이해합니다. 이처럼 사람은 새로운 것을 배우면 나만의 언어로 해석해서 저장하는 습관이 있습니다. 말을 할 때도 같습니다. 그 순서가 반대가 되는 것뿐이지요. 말하고 싶은 내용을 머릿속에서 '내 언어'로 바꾼 후 그것을 외부로 말하면 되는 것입니다. 발표할 때도 대본을 적어 놓고 줄줄 외우는 것보다 전체 내용을 내 언어로 바꾸는 작업을 하고 나서 말하는 게 좋습니다. 그래야 중요한 내용을 빠뜨리지도 않고 더욱 자연스럽게 말을 할 수 있습니다.

가장 효과적으로 배우는 방법은 '가르치는 것'이라고 합니다. 몸이 아파서 학교에 나오지 못한 친구에게 오늘 배운 것을 알려 준다고 생각해 봅시다. 일단 내가 오늘 배운 내용들을 모두 이해하고 있어야겠지요. 하지만 단순히 이해하는 것으로는 가르칠 수가 없습니다. 친구가 잘 배우도록 가공을 해야 합니다. 이때 우리는 많은 고민을 하게 됩니다. 어떻게 말해야 친구가 쉽게 이해할 수 있을까 하면서 말이지요. 말을 잘하는 사람은 이 고민을 게을리하지 않는 사람입니다. 상대방의 입장이 되어서 가장 쉽게 알아들을 수 있도록 내용을 다듬고 단어를 고르는 것입니다. 말을 잘하는 방법도 이것과 똑같습니다. 어떻게 하면 사람들이 내 말을 더 쉽게 이해할 수 있을까를 고민해야 합니다. 듣는 사람의 입장이 되어 봐야 합니다. 그런 고민이 많아질수록 말하는 실력은 점점 높아집니다.

가장 좋은 방법은 직접 해보는 것!

노래를 잘 부르는 방법은 간단합니다. 노래를 많이 듣고 많이 불러보는 것이지요. 말하는 것도 마찬가지입니다. 말을 잘하는 가장 좋은 방법은 많이 해보는 것이지요. 더 구체적으로 말하자면 '실수'를 많이 해보는 것입니다. 친구들 앞에서 실수 때문에 창피를 당할 수도 있지만 그 실수가 말을 잘할 수 있게 하는 자양분이 되지요. 시행착오를 겪지 않은 채 머리로만 배우는 것은 한계가 있습니다. 말하는 것에 자신이 없을수록 더 많은 경험을 해야 합니다.

사실 내가 말을 못하는 것이 아닐 수도 있습니다. 아직 경험이 적어서 못하는 것처럼 느껴지는 것일 수 있습니다. 무엇이든 처음부터 잘하는 사람은 별로 없지요. 개그맨 유재석 씨도 신인 시절에는 카메라울렁증 때문에 많은 고생을 했다고 하지요. 개그맨의 꿈을 포기하려고도 했답니다. 카메라울렁증을 극복할 수 있었던 건 경험과 시간 덕분이었지요. 하물며 청소년 친구들은 아직 스스로를 규정하기에 너무 이른 나이입니다. 나에게 어떤 재능이 있는지를 알기에는 생각보다 많은 시간이 걸릴 수도 있기 때문이지요. 〈상실의 시대〉, 〈1Q84〉 등의 작품으로 유명한 일본의 소설가 무라카미 하루키는 이런 말을 했습니다.

"계속 삽질을 해야 한다. 자기 재능의 광맥을 찾는 데 시간이 걸리기 때문이다."

지금 여러분은 나의 재능을 찾기 위하여 땅을 파고 있는 시기입니다. 스스로를 너무 몰아붙이지 말고 자신의 재능이 꽃을 피울 수 있을 때까지 잘 보듬어 주어야 합니다. 자신의 재능을 발견하는 것도 '나'이고, 그것을 꽃피우게 하는 것도 '나'입니다. 지금은 무언가를 잘해야 하는 시기가 아니라 잘할 수 있도록 연습하는 시기임을 잊지 않았으면 좋겠습니다. 말을 화려하게 하는 사람보다 가장 나답게 말하는 사람이 되길 바랍니다. 가장 나답게 말하는 것이 '나의 언어'이고, 그것이 말을 잘할 수 있는 최고의 비결입니다.

말을 잘하기 위해서는 테크닉보다는

마음상태가 더 중요합니다.

글짓기는 말짓기입니다

왜 글을 써야 하죠?

글쓰기를 어려워하는 친구들이 많습니다. 하지만 글을 써야 할 일은 점점 늘어만 가지요. 수업 시간이나 방학 숙제로 해가는 글쓰기는 물론, 이제는 논술로 시험을 보는 경우도 많고, 자기소개서를 써야 할 일도 많지요. 글쓰기를 어려워하는 친구들에게는 더욱 부담스러운 상황일 것입니다. 나는 글쓰기에 자신도 없고 별로 흥미도 없는데, 왜 자꾸 글쓰기를 시키는지 모르겠다는 친구들도 있을 거예요. 혹은 나는 어차피 실업계 고등학교에 진학할 것이기 때문에 혹은 문과가 아닌 이과를 지원할 것이기 때문에 글쓰기는 별로 필요 없다고 생각할 수도 있습니다.

글쓰기가 중요한 이유는 무엇일까요? 글은 우리의 생각을 표현하는 가장 기본적인 도구이기 때문입니다. 그것은 어떤 일을 하든지 해당되는 점입니다. 글을 잘 쓰지 못하면 사람들과의 소통에서 많은 불편함이 생기겠지요. 나에게 아무리 좋은 생각이 있어도 그것을 표현하지 못한다면 큰 의미가 없습니다. 그렇기 때문에 우리는 글쓰기를 연습하고 공부해야 합니다. 글을 잘 쓰고, 못 쓰고를 떠나 글쓰기가 나에게 어떤 의미가 있는지를 아는 것은 참 중요한 일입니다. 비단 작가를 꿈꾸는 친구들에게만 글쓰기가 중요한 것이 아님을 꼭 기억하길 바랍니다.

종이와 펜을 보면 덜컥 겁이 나는 이유

글쓰기가 중요한 것을 알았다고 해서 글쓰기가 쉬워지는 것은 아니지요. 아직도 종이와 펜을 보면 겁부터 나는 친구들이 많을 겁니다. 그건 글을 잘 써야 한다는 부담감이 있기 때문입니다. 책에 나오는 멋있는 말처럼, 근사한 글을 써야 한다는 생각이 무의식중에 깔려 있기 때문이지요. 마치 남들 앞에서 말하는 것처럼 내 생각을 공개적으로 꺼내야 한다는 것도 글쓰기에 부담을 갖는 이유입니다. 누군가 나의 글을 읽을 것이라는 사실이 오히려 좋은 글을 쓰는 걸 막는 것이지요. 특히 논술 시험이나 자기소개서처럼 합격과 불합격이 걸린 글쓰기는 더욱 큰 부담감이 생깁니다. 잘 써야 한다는 생각 때문에 오히려 부자연스러운 글이 될 때도 많지요.

모든 것이 그렇듯 글쓰기도 마음을 편하게 먹어야 합니다. 글쓰기의 목적은 좋은 글을 쓰는 게 아니라 내 생각을 솔직하게 표현하는 것이라고 생각해야 합니다. 아무리 유명한 작가들도 언제나 좋은 글을 쓸 수는 없답니다. 그러니 우리도 글을 잘 써야 한다는 부담감을 내려놓고 글을 시작해 봅시다.

글쓰기의 시작은 말쓰기다

결국 글을 쓴다는 것은 우리 머릿속에 있는 것들을 글자로 풀어놓는 것입니다. 생각을 밖으로 표현하는 가장 쉬운 방법은 '말하기'입니다. 누군가에게 말하는 것이 아니라, 나 혼자서 내 생각을 말로 풀어놓는 것이지요. 글쓰기의 시작은 이렇게 말을 옮겨 쓰는 것입니다. 글을 쓰기 전에 종이 한 장을 펼쳐 놓고, 그 주제에 대해 생각나는 것들을 말하는 대로 옮겨 적어 보세요. 문법이 맞지 않아도 되고, 앞뒤 문맥이 맞지 않아도 상관없습니다. 내 머릿속에 있는 생각들을 전부 밖으로 펼쳐 놓는다는 마음으로 짧은 시간 동안 빠르게 '말'을 써보는 것입니다.

'말쓰기'가 끝났다면 이제 눈에 보이지 않던 내 생각이 눈에 보이는 단어로 다시 태어난 거지요. 그렇게 말을 쓰고 나면 글쓰기를 시작할 준비가 된 것입니다. 아주 좋은 재료들이 생겨난 것이지요. 이제부터는 순서 없이 나열된 말들을 가지런히 정리해 보죠. 글이 서론, 본론, 결론으로 이뤄져 있다면 서론엔 어떤 내용이 들어가야 할지 또 본론, 결론에는 어떤 내용이 들어가야 할지 생각해 보는 겁니다. 그렇게 순서를 정리하다 보면 더 떠오르는 아이디어들도 있을 테고, 아까 적은 말들을 조금씩 고치기도 할 겁니다. 그렇게 내 글의 윤곽을 잡아갑니다.

이제 정리된 개요를 가지고 진짜 '글쓰기'를 시작해 봅니다. 쓸 내용이 정해진 다음에 쓰는 글은 훨씬 더 수월합니다. 이야기가 다른 곳으로 새지도 않고, 구성도 더욱 촘촘해집니다. 이미 내 머릿속에서 나온 이야기를 가지고 만든 개요이기에 내용도 더욱 알차집니다.

읽는 사람에게는 글쓴이의 솔직한 마음이 드러나는 글이 더욱 감동적으로 와 닿는 법입니다. 억지로 멋을 낸 글이나, 진심이 담기지 않은 글은 읽는 사람에게도 감동을 줄 수 없습니다. 학교 숙제로 글을 쓰든, 논술 시험을 보든, 자기소개서를 쓰든 모든 글쓰기는 똑같습니다. 나의 생각을 솔직하게 담아내는 것을 최우선으로 해봅시다. 어려운 단어나 멋있는 말을 굳이 쓰지 않아도 상관없습니다. 그 어떤 글을 쓰더라도 '말'을 먼저 써놓고 '글'을 쓰면 좋은 글을 쓸 수 있습니다.

한 번에 완성되는 글은 없다

'퇴고'라는 말을 알고 있나요? 퇴고란 글을 쓴 후에 글을 다듬고 고치는 일을 말합니다. 어떤 글이든 '퇴고'가 없이는 좋은 글이 될 수 없지요. 이 '퇴고'란 단어가 생긴 데에는 재미있는 일화가 있습니다.

옛날 중국 당나라의 시인인 '가도'라는 사람은 자신이 지은 시를 골똘히 생각하며 길을 걷고 있었습니다. 시에서 계속 마음에 걸리는 단어가 하나 있었기 때문이었죠. '밀다'라는 뜻을 가진 '퇴(推)'를 쓰는 게 나을지, '두드리다'라는 뜻의 '고(敲)'를 쓰는 게 나을지 고민하고 있었던 거지요. 너무 생각에 빠진 나머지 가도는 높은 관직인 '한유'의 행차를 보지 못하고 그만 부딪히고 말았습니다. 지금은 지나가는 사람과 부딪히는 일은 흔히 있는 일이지만, 당시엔 높은 사람과 부딪히는 것만으로도 큰 벌을 받을 수도 있었지요. 한유의 수행관들이 가도를 붙잡아 행차를 보지 못하고 부딪힌 이유를 묻자, 가도는 사실대로 말을 하였습니다. 자초지종을 들은 한유는 벌을 내리지 않고, 오히려 '퇴'보다는 '고'가 더 나을 거 같다는 조언을 해주었습니다. 한유는 당시 당나라의 손꼽히는 문장가였습니다. 두 사람은 그 일을 계기로 친해졌고, 후대에도 글을 고치는 것을 가리켜서 '퇴고'라고 부르게 되었다고 합니다.

아주 오래 전 이야기이지만 우리에게 주는 교훈은 많습니다. 누가 쓴 글이든, 어떤 글이든 한 번에 완성되는 글은 없다는 것입니다. 읽는 사람의 눈에는 보이지 않지만, 쓴 사람은 자신의 글을 수없이 다시 보고 고치는 것을 반복한다는 것이지요. 그 얘기는 글을 쓸 때 한 번에 완벽한 글을 쓰려고 너무 노력하지 않아도 된다는 이야기도 됩니다. 글을 다 쓴 이후에 두 번, 세 번 고칠 수 있으니 처음 글을 쓸 때 좀 더 편하게 임할 수 있다는 것이지요. 편한 마음으로 쓴 글은 읽는 사람에게도 편하게 읽힙니다. 어떻게 보면 글쓰기는 별 게 아닐 수 있습니다. 우리가 말로써 나의 생각을 표현하듯, 글로써 생각을 표현한다고 보면 되니까요. 앞으로 글쓰기가 좀 더 부담 없는 활동이 되게끔 마음도 가볍게 해보도록 합시다!

글은 우리의 생각을 표현하는

가장 기본적인 도구입니다.

세상과 내가 소통하는 가장 좋은 방법

나답게 표현할 때 세상도 응답한다

〈구름빵〉이라는 그림책이 있습니다. 아마 한 번쯤 들어봤을 거예요. 백희나 작가님이 만든 그림책인데 국내를 넘어 다른 나라에서도 출간될 정도로 인기가 많습니다. 뮤지컬, 애니메이션으로도 따로 제작되기도 했습니다. 〈구름빵〉을 본 친구들은 알겠지만 조금 독특한 그림책이지요. 하얀 종이에 그린 그림들로 채워진 책이 아니라, 입체 인형과 아기자기한 소품들을 펼쳐 놓고 찍은 사진으로 만든 그림책이었으니까요. 집 안에 켜진 불빛들까지도 세세하게 묘사했지요. 그동안 우리가 흔히 알고 있던 그림책과는 조금 다른 책이었습니다. 그랬기 때문에 사람들이 더 많은 호기심을 가졌는지도 모릅니다.

백희나 작가님은 한 인터뷰에서 "내가 보고 싶은 책을 만든다"라고 말한 적이 있습니다. 그림책을 만들 때 제일 먼저 고려하는 독자는 바로 나 자신이라는 것이지요. 내가 보고 싶고, 듣고 싶은 이야기로 그림책을 엮어 간다고 했습니다. 일반 그림책과 달리 입체 인형을 직접 찍어서 그림책을 만들게 된 이유도, 내가 보고 싶은 이야기를 가장 잘 전달할 수 있는 방법을 고민하다 보니 입체 인형과 소품을 사용하게 되었다고 합니다. 당시 유행이나 다른 사람들의 의견보다 내 안에 있는 감성을 믿고 표현한 것이지요. 그렇게 보면 〈구름빵〉은 작가의 가장 자연스럽고 나다운 모습의 결과물이라고도 할 수 있습니다.

우리의 삶도 비슷한 것 같습니다. 유행이나 다른 사람들의 말보다는 내 생각과 감성을 믿고, 내가 좋아하는 것들을 만들어 가는 것이 더 좋은 결과를 가져옵니다. 내 안에 있는 진심이 다른 사람들에게 전달되기 때문이겠지요. 지금 청소년 친구들도 저마다의 행복을 위해 열심히 살아가고 있을 겁니다. 그렇게 성인이 되어 멋지게 완성된 '나'의 모습으로 세상의 주목도 받고 싶고, 사람들의 인정도 받고 싶을 거예요. 모든 사람들의 바람이기도 하지요. 그럼에도 세상과 내가 소통할 수 있는 가장 좋은 방법은 솔직한 나의 모습을 표현하는 것임을 잊지 않았으면 좋겠습니다. 세상과 나를 연결시켜 주는 열쇠는 이미 내 안에 들어 있으니까요. 우리는 그것을 발견할 수 있는 눈만 있으면 됩니다.

나다운 생각은 관찰로부터

여러분은 눈이 좋은가요? 요즘엔 어린 나이부터 안경을 쓰는 친구들도 많지요. 우리는 매일 참 많은 것들을 보면서 살아갑니다. 아침에 일어나 창문 밖 날씨를 확인하고, 등굣길에서 수많은 사람들과 가게를 보지요. 학교에 가서도 우리 눈앞에는 정말 많은 것들이 펼쳐지지요. 그런데 우리는 매일 마주치는 세상을 얼마나 자세히 보고 있을까요?

지금 살고 있는 집에 처음으로 이사 온 날을 떠올려 봅시다. 낯선 동네, 낯선 골목, 낯선 건물, 낯선 방까지 모든 것들이 새로웠지요. 동네 슈퍼만 다녀오려고 해도 한참을 헤매다 찾기도 하고요. 처음으로 학교에 간 날은 어땠나요? 낯선 길을 지나서 나온 학교 건물, 낯선 선생님과 친구들까지. 내가 여기에서 잘 적응할 수 있을까 걱정도 했지요. 모든 것이 낯설 때 우리는 모든 것들을 자세히 쳐다보게 됩니다. 마치 세상을 처음 만난 아이처럼 말이죠. 여기서 길을 잃어버리지 않으려면 가게들의 위치도 잘 살펴야 하고요. 내가 지금 어디쯤 서 있는지도 잘 기억해 두어야 하니까요.

하지만 '시간'은 그 낯선 기분을 누그러뜨리는 힘이 있나 봅니다. 시간이 흐르면서 낯선 집은 어느새 너무나 익숙한 공간이 되고, 낯설었던 등굣길과 학교는 이제 아무런 느낌도 느낄 수가 없지요. 이제는 딴 생각을 하면서 걷더라도 어느새 집에 도착하고, 학교를 갈 수 있게 되었습니다. 익숙한 것들은 관심이 가지 않고, 그러다 보면 제대로 쳐다볼 일도 없지요. 내가 관심을 끊고 쳐다보지 않더라도 늘 그 자리에 있을 테니까요.

나답게 생각하는 것은 '관찰'에서 시작됩니다. '익숙함'은 새로운 생각을 하는 데 있어서 가장 큰 걸림돌이 되지요. 익숙해지는 순간 우리는 그것을 제대로 보지 않기 때문입니다. 익숙해진 집과 학교를 더 이상 자세히 쳐다보지 않는 것과 같은 것이지요. 나의 감성을 끌어내고 새로운 생각을 만들어 내기 위해서는 우리는 '낯설게 쳐다보기'를 해야 합니다. 아무리 익숙한 것이라도 마치 처음 본 사람처럼 쳐다봐야 한다는 것이지요.

'관찰'이라는 것은 그냥 쳐다보는 것이 아닙니다. 마치 셜록 홈즈가 사건 현장에서 단서를 찾아내듯이 아주 섬세하고 날카로운 눈빛으로 봐야 합니다. 그렇게 본 것을 나의 경험과 연결시켜 보고 느껴지는 감상을 솔직하게 표현하는 것이 곧 나다운 생각, 창의적인 생각의 시작입니다. 우리가 사는 일상생활에서 더 많은 아름다움을 발견하기를 바란 영국의 사상가 존 러스킨은 한 강의가 끝난 후 이런 말을 했다고 합니다.

> 자, 여러분, 나는 여러분에게 데생을 가르치려고 한 것이 아니라, 단지 보는 법을 가르치려고 했다는 것을 잊지 마십시오. 두 사람이 클레어 시장을 걸어 들어간다고 해봅시다. 둘 가운데 하나는 반대편으로 나왔을 때도 들어갔을 때보다 나아진 것이 없습니다. 하지만 다른 한 사람은 버터 파는 여자의 바구니 가장자리에 파슬리 한 조각이 걸려 있는 것을 보고, 그 아름다움의 이미지들을 간직하고 나왔습니다. 그는 일상적인 일을 하는 과정에서 오랫동안 그 이미지들을 자신의 일에 반영시킬 것입니다. 나는 여러분이 그와 같은 것을 보기를 바랍니다.

알랭 드 보통, 《여행의 기술》, 청미래, 2011, p.279

우리가 매일 지나다니는 등굣길, 집 근처 골목들을 보는 것은 어렵지 않습니다. 하지만 그것을 '제대로 보는 것'은 쉽지 않은 일입니다.

우리가 함께 이 책에서 공부한 것들은 이미 익숙한 세상과 나 자신을 다시금 낯설게 보는 방법이었습니다. 여러분도 이제부터는 시장을 들어갔다 나왔을 때 구석구석에 있는 작은 아름다움을 간직하고 나올 수 있길 바랍니다. 매일 보는 세상에서도 낯선 것들을 떠올릴 수 있길 바랍니다. 그리고 그것을 가장 나다운 방법으로 표현하길 바랍니다. 우리에게 감명을 주는 글이나 그림, 예술 작품들은 대부분 그렇게 만들어진 것들이지요. 그러기 위해서는 일단 마음의 여유가 있어야 합니다. '빨리 빨리' 라는 단어는 아예 잊어버려야 합니다. 아무리 사소하고 익숙한 물건에서도 우리는 생각보다 많은 것들을 끄집어낼 수 있습니다. 단지 우리가 그동안 그것들을 자세히 보지 않았기 때문에 모르고 있을 뿐입니다. 그렇게 자세히 보는 사이 내 생각이 만들어지고, 그런 내 생각이 '나'라는 사람을 완성하지요. 내가 어떤 것을 보고 어떻게 느끼느냐는 나를 만드는 아주 중요한 일입니다. 아무리 익숙한 것이라도 다른 사람들이 알려 주는 대로 믿지 말고 내 눈으로 직접 확인하길 바랍니다. 익숙할수록 낯설게 볼 수 있다면 세상과 소통하는 내 생각을 만들기도 그렇게 어려운 일은 아닐 것입니다.

세상과 나를 연결시켜 주는 열쇠는
이미 내 안에 들어 있으니까요.

나에게로 한 발 더 다가간다면

우리는 생각보다 나 자신에 대해서 잘 모르는 것들이 많습니다. 대학을 졸업하고 나서 새롭게 하고 싶은 일이 생긴 사람도 있고, 우연히 자신도 몰랐던 적성을 찾기도 하지요. 어쩌면 나에 대한 공부는 평생해야 하는 건지도 모릅니다. 겉으론 가만히 있는 것 같은 나무도 매일 자라고 모습이 바뀌듯 우리도 항상 변하는 존재이니까요. 여러분은 이제 그 공부의 첫 장을 펼친 것과도 같습니다.

행복한 삶이란 나를 아는 만큼 가까워집니다. 좋은 학교와 높은 점수만이 행복을 가져다주는 것이 아닙니다. 내 스스로가 즐거운 것을 할 때 비로소 행복해질 수 있습니다. 만약 박태환 선수가 물속이 아닌 육상 트랙에서 뛰고 있고, 김연아 선수가 빙판 위가 아닌 실내 코트 위에 있었다면 어떨까요? 지금만큼 훌륭한 성적을 내기도 어려웠을 테고, 스스로 만족감도 덜했을 겁니다. 내가 나를 잘 모른다면 그런 일이 생길지도 모르지요.

좀 더 나와 친해진다고 생각해도 좋을 것 같습니다. 가깝지만 멀게 지내 온 나에게 애정을 갖고 내가 진정 무엇을 원하는지를 항상 물어야 합니다. 그것은 내 인생에 대한 '방향키'를 놓지 않는 것이기도 합니다. 우리의 삶을 배의 항해에 비교한다면 나는 내 인생의 선장이 되겠지요. 나 스스로 키를 잡고 선장이 되어서 움직여야 합니다. 물살이 이끄는 대로 배가 그냥 흘러가게 해두어선 안 됩니다. 그 방향을 잡고 움직일 수 있는 건 오로지 나 자신뿐입니다.

영화 〈빌리 엘리어트〉에 나오는 빌리는 엄한 아버지와 형 밑에서 자라는 사춘기 소년입니다. 빌리가 강한 남자로 성장하길 바라는 아버지는 권투를 시키지만, 사실 빌리의 마음을 끄는 건 발레였지요. 영화의 배경에 되는 시대에는 남자가 발레를 하는 걸 좋게 보지 않는 때였습니다. 보수적인 아버지와 형은 당연히 빌리가 발레를 하는 것을 반대합니다. 빌리는 아버지의 기대와 자신의 의지 사이에서 많이 방황하고 힘들어하지요. 하지만 빌리는 결국 자신의 머리와 몸이 원하는 것을 택하지요. 시간이 지나 아버지도 빌리의 꿈을 인정하고 빌리는 결국 유명한 발레 학교에 입학하게 됩니다.

오래 전에 나온 영화이지만 사실 지금 우리의 모습과도 별반 다를 게 없지요. 아마 많은 친구들이 지금도 겪고 있고, 앞으로도 겪게 될 이야기일 겁니다. 빌리가 권투를 배우러 갔다가 우연히 발레 하는 것을 보고 마음을 뺏긴 것은, 정말 우연한 일이었습니다. 발레에 마음을 빼앗기고 권투 연습 대신 발레 연습을 몰래 한 것도 빌리의 계획에는 없었던 일이었습니다. 여러분이 앞으로 맞이하게 될 시간들도 빌리의 이야기와 크게 다르지 않습니다. 우연한 기회에 어떤 일이 생길지 모르지요. 선택의 기로에 섰을 때, 내가 스스로 판단을 내리지 않으면 다른 사람이 대신 선택해 주거나 시간이 선택해 주기도 합니다. 흐름에 맡겨 버린 거지요.

인생의 방향키를 놓지 말아야 하는 순간은 바로 그런 때입니다. 선택의 기로에서 많은 고민이 있겠지만, 그럴 때일수록 내 자신에게 해답을 물어야 합니다. 빌리가 발레를 두고 고민했을 때처럼 말이지요. 스스로 해답을 찾는다는 건 참 쉽고도 어려운 일입니다. 꽤 많은 시간과 용기가 필요하기도 하고요. 그럼에도 이 책을 읽은 여러분은 선택의 순간이 왔을 때 기꺼이 시간과 용기를 낼 거라 생각합니다. 결국 나 자신을 위하는 일이니까요. 그렇게 나다운 삶을 살아가면 세상에서 주목하는 창의적이고 놀라운 결과물이 나오는 건 오히려 덤일 수도 있습니다. 내가 잘하고 즐거운 일을 할 때 좋은 결과가 나오는 건 당연하니까요.

발레 학교 오디션에서 심사 위원은 빌리에게 춤을 출 때 어떤 기분인지 물어봅니다. 빌리는 조심스레 자신의 느낌을 하나씩 설명하지요.

> *"모르겠어요. 그냥 기분이 좋아요.*
> *모든 것을 잊게 되고 또 사라져요.*
> *내 몸 전체가 변하는 것 같아요.*
> *난 그저 날아다니는 한 마리 새가 돼요."*

앞으로 자기 자신에게 이런 질문과 답변을 할 수 있는 기회가 많았으면 좋겠습니다. 내가 뭘 할 때 즐거운지, 또 어떻게 즐거운지를 잘 알고 있는 '나에 대한 전문가'가 되길 바랍니다. 그렇게 내 인생의 주인으로서 살아간다면 대한민국 청소년 친구들의 행복도 그렇게 멀리 있지 않을 것입니다.

그것은 내 인생에 대한 '방향키'를

놓지 않는 것이기도 합니다.

책을 집는 것보다 내려놓는 것이 더 중요합니다

알랭 드 보통은 〈프루스트가 우리의 삶을 바꾸는 방법들〉에서 저자에게 책은 '결론'이라고 불릴 수 있지만 독자에게는 '자극'이라고 불릴 수 있다고 했지요. 책의 마지막 페이지는 저자의 생각이 마무리되는 지점이지만, 책을 읽은 사람은 그때부터 생각이 시작되는 지점일 것입니다.

책을 집는 순간보다 책을 내려놓는 순간이 더욱 중요한 것은 그 때문이겠지요. 아무리 좋은 책도 진정 나에게 도움이 되기 위해선 책을 내려놓고 내가 직접 생각하고 경험해 봐야 합니다. 잘 차려진

밥상을 눈으로만 보고 직접 먹지 않으면 아무런 소용이 없는 것처럼 말입니다.

이 짧은 책에 담지 못한 이야기가 많이 있습니다. 하지만 진짜 중요한 이야기들은 책이 아닌 내가 직접 몸으로 부딪히는 과정에 있습니다. 그렇기에 이 책이 여러분의 옆구리를 쿡 찔러 주는 자극이 되길 바랍니다. 한 번도 의심하지 않았던 사실들을 다른 눈으로 바라볼 수 있는 계기가 되길 바랍니다. 남보다 나 자신에게 더욱 친절한 사람이 되길 바랍니다. 그렇게 직접 보고 경험한 것들로 책에 담지 못한 이야기들을 스스로 채워갈 수 있길 바랍니다.

십대,
나에 대한
공부가
필요해!